BIODIREITO:
A Proteção Jurídica do Embrião - *IN VITRO*

Carolina Valença Ferraz

Doutora e Mestre em Direito Civil pela PUC-SP.
Professora de cursos de graduação e pós-graduação em direito.
Advogada.

BIODIREITO:
A Proteção Jurídica do Embrião - *IN VITRO*

1ª Edição
São Paulo
2011

editora VERBATIM

Dados Internacionais de Catalogação na Publicação (CIP)
(Câmara Brasileira do Livro, SP, Brasil)

Ferraz, Carolina Valença
Biodireito : a proteção jurídica do embrião in vitro / Carolina Valença Ferraz. – São Paulo : Editora Verbatim, 2011.

Bibliografia
ISBN 978-85-61996-47-5

1. Biotecnologia - Aspectos jurídicos 2. Bioética - Aspectos jurídicos 3. Fertilização humana in vitro - Leis e legislação I. Título.

11-03831 CDU-340.61

Índice para catálogo sistemático:
1. Fertilização humana in vitro : Proteção jurídica : Direito 340.61

CAPA E DIAGRAMAÇÃO: Manuel Rebelato Miramontes

EDITORA VERBATIM LTDA.
Rua Zacarias de Góis, 2006
CEP 04610-000 – São Paulo – SP
Tel. (0xx11) 5533.0692
www.editoraverbatim.com.br
e-mail: editoraverbatim@editoraverbatim.com.br

“O mais importante é a mudança,
o movimento,
o dinamismo,
a energia.
Só o que está morto não muda!”

Clarice Lispector, Mudar

A Vinícius, o ser humano mais extraordinário do universo,
meu filho amado, que me ensina – todos os dias –
a profundidade do amor, fazendo meu coração cantar
de alegria e inundando minha alma de luz e poesia.

A Glauber, meu amado marido,
a quem meu coração escolheu para ser o meu amor,
a minha vida e a minha alma.

AGRADECIMENTOS

A Tatiana, minha irmã, companheira de uma vida, por tantas coisas que é impossível numerá-las, mas principalmente por encher minha infância de alegria e esperança; por ter sido aquela que primeiro amei conscientemente e incondicionalmente; minha infinita ternura, meu eterno amor, e minha afetuosa gratidão por tudo que foi feito para que este trabalho pudesse existir.

A Djanira Ferraz, com amor e admiração, por ser aquela que conquistou o direito de ser chamada baluarte de um clã – minha avó paterna –, a matriarca de todos nós, pela intensa força com que manteve unida toda uma família com respeito, amor e dignidade.

A Larissa – raio de sol –, minha adorada sobrinha por quem sinto um amor e saudade infinitos.

Aos meus amados avós maternos que dedicaram muito amor e atenção a mim e aos meus irmãos, que foram muito mais do que meros avós, por estarem presentes em todos os momentos das nossas vidas.

Aos meus pais, mais uma vez, uma prece de gratidão pela minha existência.

A Rafa, meu irmão caçula, pelo amor que nutrimos um pelo outro.

A minha inesquecível professora Mirian de Sá Pereira, que acreditou num jovem casal, na força do sentimento que os unia e no potencial de pesquisa de ambos. Pelo carinho, pela paciência e por sua influência na criação de um magistério jurídico comprometido com a afetividade, a minha admiração e imorredoura afeição.

Aos meus alunos, que me ensinaram que o direito é eterna mutação, mas que só o aprendemos – de verdade – quando o ensinamos.

Ao Dr. Mário Sérgio Egashira, meu consultor técnico nos assuntos relativos às técnicas de reprodução assistida, meu reconhecimento pela ajuda fornecida. Ao amigo Mário Sérgio, a minha admiração, pela crença por ele defendida de que a medicina deve ser exercida com o coração.

A professora Maria Helena Diniz, por sua imensa sabedoria, pelo amor ao ofício de ensinar, pela humildade e dedicação aos seus alunos o nosso eterno agradecimento e a nossa sincera homenagem. Pela enorme compreensão, sensibilidade e fé em seus orientandos o nosso eterno carinho.

A George Salomão, meu carinho fraterno, e o reconhecimento pelo imenso apoio que viabilizou a realização de muitos sonhos.

RESUMO

O presente trabalho tem por objetivo o estudo de questões protetivas referentes à preservação dos direitos do ser humano in vitro em face do direito civil-constitucional. Inicialmente foi feita a abordagem quanto à condição jurídica do embrião humano crioconservado, levando-se em consideração as semelhanças com a pessoa nascida e o nascituro.

Em seguida verificou-se a aplicabilidade dos princípios constitucionais como instrumentos de proteção e reconhecimento dos direitos do embrião in vitro. Inclusive como normas integradoras, ou seja, de preenchimento das lacunas normativas referentes à defesa dos interesses da pessoa humana in vitro.

Ressaltamos ainda a tutela civil dos direitos pessoais e patrimoniais inerentes ao ser humano em situação de laboratório. Destacamos na esfera dos direitos pessoais o denominado direito à filiação, ao reconhecimento dos vínculos de parentesco do ser humano em situação de laboratório, e da possibilidade de adoção embrionária.

No que tange à estrutura dos direitos patrimoniais, abordamos a hipótese de o ser humano in vitro ser beneficiado por doação, cabendo, contudo, aos seus representantes a aceitação do benefício. Discorremos, ainda, sobre a inclusão do ser humano in vitro como herdeiro daqueles que o conceberam – seja pela fecundação com gametas próprios, seja pelo uso de gametas de terceiros, ante as espécies de sucessão.

NOTA DA AUTORA

Neste trabalho sobre a Proteção jurídica do embrião in vitro no direito civil-constitucional é desenvolvida uma análise sobre a condição jurídica do ser humano in vitro, e sua justificada inclusão na situação de sujeito de direito. Com esse propósito invocamos a exegese dos princípios constitucionais do respeito à vida, à dignidade da pessoa humana e da igualdade entre os filhos.

O tema abordado foi escolhido pela necessidade de discutirmos a proteção à pessoa humana em situação de laboratório, para evitarmos que esta seja tratada como mero objeto, sem que sejam resguardados seus direitos e prerrogativas.

Com o intuito de introduzir o tema, fizemos uma abordagem do conceito de pessoa natural, para tecermos um estudo comparativo com o nascituro e finalmente com o ser humano in vitro, sempre na perspectiva de ressaltar sua condição jurídica.

Em seguida procedemos à avaliação da proteção constitucional outorgada à pessoa humana, enfocando ainda os princípios constitucionais como instrumentos de integração e conseqüente preenchimento das lacunas legislativas referentes à pessoa humana em situação de laboratório. O mérito da aplicação de normas constitucionais ao ordenamento civil tem como fundamento a própria constitucionalização do direito privado.

Discorremos também sobre a condição da pessoa humana in vitro à luz do Código Civil brasileiro, sua personalidade jurídica e os direitos dos quais o ser humano in vitro é titular, sejam os de cunho pessoal ou patrimonial.

Destacamos – em breve síntese – os aspectos mais relevantes do direito à filiação e, conseqüentemente, os efeitos do reconhecimento do vínculo de parentesco entre o ser humano in vitro e os seus genitores, biológicos ou jurídicos.

Abordamos, ainda, no que se refere ao direito à filiação, a chamada adoção embrionária, tanto no aspecto de formação de uma nova identidade familiar para o ser humano em situação de laboratório, como no caráter de preservação à vida que ela se propõe, já que inviabiliza o descarte de embriões.

Discorremos sobre os meios de defesa que permitem a proteção ao reconhecimento de filiação – independentemente da existência de cláusula de sigilo, pois invocamos a aplicabilidade do princípio do melhor interesse da criança.

No tocante aos direitos patrimoniais, ressaltamos a relevância da doação – como meio de beneficiar a pessoa humana em situação de laboratório. Contudo, os representantes do ser humano in vitro são responsáveis pela aceitação ou renúncia do respectivo objeto da doação.

Admitimos a condição de herdeiro do ser humano in vitro, em ambas as espécies de sucessão, na legítima e na testamentária.

Ressaltamos, ainda, a relevância da instituição da reserva de quinhão hereditário como mecanismo de defesa aos interesses sucessórios do ser humano in vitro e a respectiva nomeação de curador com o propósito de administrar o referido quinhão. E com o propósito de assegurar a proteção aos direitos hereditários, defendemos o uso de mecanismos de proteção, como a ação de petição de herança e as ações possessórias.

E finalmente concluímos que a condição de herdeiro do ser humano in vitro deve ser protegida como reconhecimento da proteção à própria vida.

São Paulo, fevereiro de 2011.

Carolina Valença Ferraz

Sumário

PREFÁCIO

É com satisfação que atendendo ao pedido da autora apresentamos ao grande público este livro, com o qual obteve o seu título de doutora em direito pela PUC-SP.

A autora, baseada em sólida bibliografia, sustenta a tese de que o embrião in vitro, na esfera civil e constitucional, é um sujeito de direito, dotado de personalidade jurídica, e que, por tal razão, merece a tutela jurídica de seus direitos pessoais e patrimoniais.

Para tanto a autora discorreu com competência, clareza e objetividade sobre as teorias relativas à condição jurídica do embrião e salientou, tendo por parâmetro os princípios constitucionais, os seus direitos: à vida, à integridade física e psíquica; aos alimentos; à imagem; ao respeito à sua dignidade como pessoa humana; à filiação sem olvidar da possibilidade da adoção embrionária e da constituição de curatela em favor do ser humano in vitro. Enfrentou, ainda, ao tratar dos direitos patrimoniais do embrião in vitro, a polêmica questão do seu direito sucessório e dos meios de defesa do seu quinhão hereditário.

Grande é a importância desta obra, que versa, com maestria, sobre assunto tão controvertido quanto complexo.

Parabenizamos a autora pela sua luta em prol da vida, pela coragem com que aborda as questões que envolvem a temática e recomendamos a leitura deste livro por ser um "guia" seguro a todos os que militam na área civil, constitucional e no novel ramo da ciência jurídica, que é o biodireito.

São Paulo, 17 de junho de 2010.

Maria Helena Diniz

APRESENTAÇÃO

A evolução científica exige do Direito sua constante atualização.

O Direito atua a posteriori do fato social, porque, para instituir modelos depende não somente de sua verificação, mas de sua pertinência para se transformar em patern jurídico. Não basta a repetitividade ou a relevância puramente social para que determinado comportamento social se trasforme em um modelo legal. Não nos consta que haja lei disciplinando o carnaval. A Sociedade se autoregula.

Além da relevância social, da repetitividade e da constatação de sua concretude, o fato social, para que o Direito se mobilize para regulamentá-lo deve merecer uma visão de comportamento futuro, para que a Ordem Jurídica distribua direitos e deveres entre os sujeitos e estabeleça as sanções, no sentido amplo de conseqüências decorrente do eventual descumprimento do modelo, se o preconizado pela Lei não se concretizar. A ordem jurídica espera que os modelos venham a se exaurir e desenrolar espontaneamente, mas se isso não acontecer ela própria já prevê a sanção, como forma de compelir ao cumprimento do modelo ou compensar o que tinha direito e não foi atendido.

Na atualidade, as modificações, em todos os campos, especialmente o científico e tecnológico têm surgido de maneira tão rápida que o Direito, dada sua caracterítica de apreciar e valorar o passado e regulamentar o futuro não somente não tem o mesmo ritmo de elaboração mas também corre o risco de legislar para o vazio, porque quando for editada a norma a realidade já é outra e seu conteúdo tornou-se inútil.

Trata-se do dilema do diabo: ou se regulamenta rapidamente, o que pode ser inútil, errôneo e desastrado, ou não se regulamenta e os princípios e fundamentos que o Direito visa proteger tornam-se letra morta ou vulneráveis.

De outra parte, há dois aspectos a considerar: a inevitabilidade histórica, ou seja, a inteligência e a criatrividade humana sempre chegarão ao que pretendem, ainda que o proibam; o conteúdo ético ou moral do Direito também evolui, de modo que o aceitável ontem nesse plano não é o mesmo de hoje nem será o de amanhã.

Diante desse dilema insolúvel, a atitude o estudioso do Direito é a de, antes de hipoteticamente pleitear uma nova legislação, procurar resolver os problemas, antes inusitados, com a estrutura jurídica vigente, porque o Direito se autointegra e, depois, se for o caso e as coisas estiverem assentadas, propor disciplina legal.

Eis aí o trabalho da Prof. Dra. Carolina Valença Ferraz, tese de doutorado na Pontifícia Universidade Católica de São Paulo.

Enfrenta um tema mais que atual e que envolve conceitos cuja estabilidade era até pouco tempo considerada imutável, os de pessoa, vida humana e sua dignidade, questões que estão agitando os Tribunais, seja no problema do descarte de embriões, seja no aborto do anencéfalo etc.

Não temos dúvida de que o conteúdo e a projeção do conceito de dignidade da pessoa humana é histórico-cultural e varia de acordo com convicções sociais de cunho religioso e ideológico.

Autores mais recentes colocam a respeito graves e difíceis dilemas em diferentes temas, como por exemplo, o da eugenia, das experiências com embriões humanos e da sobrevivência da espécie humana como a conhecemos hoje.

HÉCTOR RICARDO LEIS aponta, entre outros, o seguinte dilema:

> o que é mais importante para o desenvolvimento da humanidade, a evolução dos indivíduos como espécie (entendendo isto basicamente como um melhor desenvolvimento das condições genéticas dos indivíduos) ou a evolução dos indivíduos como sociedade?

HABERMAS , por sua vez, no que se refere o disponibilidade dos recursos genéticos para fins de alterações do corpo humano, terapêuticas, ou não, sustenta que é fundamental estabelecer uma distinção entre: de um lado, a dignidade humana e, de outro, a dignidade da vida humana. Essa diferenciação é básica para se situar os riscos por que passa a nossa capacidade de auto-compreensão como membros de uma mesma espécie, e portanto situados em um mesmo contexto discursivo entre pessoas iguais.

Segundo o filósofo, a dignidade humana representa uma condição moral ou jurídica que marca as relações entre sujeitos portadores de direitos e deveres, mutuamente imputáveis e circunscritos a um mesmo contexto normativo. A dignidade humana faz, portanto, sentido na contingência dos acordos estabelecidos no interior de uma comunidade composta por seres morais dotados de relações simétricas e responsáveis, ou seja, dentro de formas concretas de vida coletiva.

A dignidade da vida humana, por seu lado, transborda os limites das práticas morais acordadas e remonta tanto a estágios pré-pessoais, em que os indivíduos estão ainda em formação, quanto a condições em que a vida se esvaiu. A vida humana antecede a construção dos contextos morais de interação e solicita uma concepção de dignidade própria, mais abrangente e menos específica que o termo definido como dignidade humana.

Daí, que a utilização de biotecnologias que intervêm na herança genética dos seres humanos pode significar a primazia do justo em relação ao bom, pondo em dúvida saber se "a tecnicização da natureza humana altera a auto-compreensão ética da espécie de tal modo que não possamos mais nos compreender como seres vivos eticamente livres e moralmente iguais, orientados por normas e fundamentos".

Em face de todo esse contexto a Dra. CAROL VALENÇA FERRAZ faz uma opção, com a segurança e firmeza que lhe são características, a de que alterações legfislativas deveriam ocorrer com o propósito de oferecer maior proteção ao ser humano in vitro, além de discutir essa situação em grande número de hipóteses que ocorrem ou podem ocorrer na atualidade, independentemente de nova legislação, o que torna o trabalho imediatamente útil e inovador.

As questões, evidentemente, não estão fechadas não somente porque novas, mas também porque se assentam em premissas sobre as quais a comunidade jurídica e a sociedade em geral não são unânimes.

Daí a relevância do trabalho que, por sua coerência e segurança técnica, passa a ser de leitura obrigatória para todos os que se preocupam com os próprios fundamentos do direito, quais sejam, a pessoa humana e sua dignidade, base de toda a ordem jurídica e, portanto, de todos os ramos do Direito.

Alessandra Orcesi Pedro Greco

Vicente Greco Filho

Capítulo I

DA PERSONALIDADE JURÍDICA DO EMBRIÃO

1. As teorias sobre a condição jurídica do embrião no direito brasileiro

São inúmeras as teorias que se prestam a defender – com certa cientificidade – o início da vida humana[1]. O tema é de suma importância à construção da idéia fundamental do nosso trabalho, a condição de pessoa do embrião *in vitro*. Portanto, faremos uma síntese das principais, com o objetivo de esclarecer o nosso entendimento sobre a matéria[2].

Algumas são de menos importância, como a teoria da natalidade e a da gestação. Entretanto, numa rápida abordagem destacaremos os seus principais aspectos.

A teoria da natalidade se posiciona pela inexistência de individualidade do concepto, pois nas entranhas da sua mãe não pode ser considerado como um ser individualizado, caracterizando-se apenas como parte da geriatriz[3]. Segundo leciona

---

[1] Sobre o tema ver: Reinaldo Pereira e Silva. Introdução ao biodireito: investigações político-jurídicas sobre o estatuto da concepção humana, São Paulo: LTr, 2002, p. 82-83.

[2] Partimos do pressuposto de que haja necessidade de verificar o posicionamento da doutrina brasileira acerca da condição jurídica do nascituro pela extrema ligação entre o nascituro (o ser humano em desenvolvimento intra-uterino) e o embrião humano em condição de laboratório (ou pessoa humana em situação de laboratório).

A doutrina brasileira, em linhas gerais, divide-se em três teorias: a) a Teoria Natalista; b) a Teoria da Personalidade Condicional; c) a Teoria Concepcionista.

A Teoria Natalista reconhece o início da personalidade apenas com o nascimento com vida, conforme sugere – segundo os seus adeptos – a interpretação do art. 2° do CC, portanto, o nascimento com vida é a condição essencial ao reconhecimento de direitos e a existência da pessoa humana, pois até o nascimento a condição do nascituro gera uma potencialidade, uma expectativa de direito.

A Teoria da Personalidade Condicional admite a existência da personalidade desde a concepção, somente nos casos em que acontecer o nascimento com vida.

Por último passamos à análise da Teoria Concepcionista, que defende que a personalidade do nascituro existe desde a sua concepção, mas que no tocante a certos direitos ela poderá ser considerada uma condição resolutiva. Para a maioria dos adeptos desta teoria, todavia, o momento da concepção é aquele em que o feto começa a se desenvolver no ventre materno.

[3] Sobre o tema ver: H. Tristram Engelhardt Jr. *Fundamentos da bioética.* Tradução de José A. Ceschin. São Paulo: Loyola, 1998, p. 199.

Reinaldo Pereira e Silva, essa teoria após todo o avanço da embriologia humana, não pode ser considerada apta a formar a conceituação do início da vida humana, mas no contexto cultural ela ainda é muito influente[4]. Concordamos com a opinião esposada pelo mencionado autor, pois a partir da fertilização o ser humano é um indivíduo distinto daqueles que o conceberam.

A segunda teoria, a "teoria da concepção" leva em consideração o período de gestação, ou seja, apenas pode ser tutelada a pessoa humana concebida que estiver se desenvolvendo em útero materno, sendo ainda avaliada a sua condição de viabilidade.

Para caracterizar a viabilidade do ser humano em desenvolvimento, exige a respectiva teoria o preenchimento de alguns pressupostos, tais como a condição de sobrevivência do feto fora do útero materno, ou a comprovação de atividade do sistema nervoso central, medida pela capacidade de sentir dor. Primeiro considera, isoladamente, cada um dos fatores, para, em seguida, verificá-los ao mesmo tempo, com o intuito de, após as devidas análises, definir o concepto como pessoa ou não.

Colocar a existência humana como a soma matemática de fatores[5], não condiz com a amplitude de seu valor; muito menos com o respeito à vida e à dignidade da pessoa humana, visto que a comprovação dos pressupostos – por técnicas invasivas – impõe risco de morte à pessoa humana embrionária, desta feita percebemos que esta teoria também não é a mais adequada para determinar o início da vida humana.

Sobre o mesmo tema, existem outras teorias com maior relevância científica, dentre as quais: a da singamia, a da cariogamia e a do pré-embrião[6].

A teoria da singamia determina como sendo o momento do surgimento da vida o da fertilização do óvulo pelo espermatozóide, pois uma série de reações em cadeia garante o que se pode denominar processo de individualização/personalização do homem[7].

Já a cariogamia defende que o início da vida se dá a partir da fusão dos pronúcleos feminino e masculino no interior do ovo, sendo o resultado desta fusão o ser

---

4 No mesmo sentido: Reinaldo Pereira e Silva. *Introdução ao biodireito:investigações político-jurídicas sobre o estatuto da concepção humana*, cit., p. 82.

5 Reinaldo Pereira e Silva. *Introdução ao biodireito: investigações político-jurídicas sobre o estatuto da concepção humana*, cit., p. 84.

6 Cf. Reinaldo Pereira e Silva. *Introdução ao biodireito: investigações político-jurídicas sobre o estatuto da concepção humana*, cit., p. 84. Sobre o assunto ver também Elio Sgreccia, Maria Luisa di Pietro. *Bioetica ed educazione*. Milano: La Scuela, 1997. p. 36-41.

7 Reinaldo Pereira e Silva. *Introdução ao biodireito: investigações político-jurídicas sobre o estatuto da concepção humana*, cit., p. 85. No mesmo sentido ver também: Roberto Andorno. *El derecho frente a la procreación artificial,* Buenos Aires: Ábaco de Rodolfo Depalma, 1997. p. 62; Fernando Mantovani.. *Le possibilita, i rischi e i limiti delle manipolazioni genetiche e delle tecniche bio-mediche moderne,* Salvador: Anais do Fórum internacional de direito penal comparado, 1989. p. 232.

humano concebido[8]. O que diferencia as duas teorias é que enquanto a primeira defende a concepção a partir da fertilização; a segunda apenas admite a concepção com a fusão dos pronúcleos feminino e masculino.

E, finalmente, a chamada teoria do pré-embrião, que trouxe à tona a discussão da concepção apenas a partir do 14° dia após a fertilização. O principal argumento é que o zigoto humano, ainda que expressão da natureza humana, não é um indivíduo humano em ato, mas apenas uma célula progenitora humana dotada de potencialidade para gerar um ou mais indivíduos da espécie humana[9].

A principal crítica que fazemos à referida teoria é quanto ao fato de desprezar o genoma humano quando minimiza a importância do zigoto, tratando-o como se fosse uma célula qualquer, o que não condiz com a verdade; a embriologia destaca a formação de um código genético único muito antes da formação dos 14 dias exigidos pela teoria. Aparentemente o fundamento da mencionada teoria é autorizar a pesquisa com embriões, sem maiores entraves – sejam jurídicos ou éticos.

Em que pesem os relevantes argumentos abordados pela teoria da cariogamia, posicionamo-nos favoráveis à teoria da singamia, pois compreendemos que a partir da fertilização estamos diante de um novo ser humano completamente distinto daqueles gametas que o formaram, apesar de herdar dos respectivos genitores o seu acervo genético – sendo a união dos seus pronúcleos conseqüência da fertilização[10].

2. O embrião humano como sujeito de direitos – uma análise da personalidade civil do embrião

Com o propósito de evidenciarmos a condição de sujeito de direito do embrião in vitro, realizaremos uma análise genérica acerca da personalidade civil, para, em seguida, adentrarmos mais detalhadamente no tema.

---

8 Reinaldo Pereira e Silva. *Introdução ao biodireito: investigações político-jurídicas sobre o estatuto da concepção humana*, cit., p. 85. Confira: Norman Ford. *Quando comincio io? Il concepimento nella storia, nella filosofia e nella scienza.*Tradução de Rodolfo Rini. Milano: Baldini & Castoldi, 1997. p. 197.

9 Reinaldo Pereira e Silva. *Introdução ao biodireito:investigações político-jurídicas sobre o estatuto da concepção humana*, cit., p. 89. Ver também Warnock Rapporto. *Quali frontieri per la vita?* Milano: Avvenire, 1985. p. 93.

10 Cf. Bertrand Mathieu. La vie en droit constitutionnel compare: éléments de réflexion sr um droit incertain. *Revue internationale de droit comparé,* Paris, Société de Législation Comparée, n. 4(1), oct./déc. 1998. p. 1037. O Comité Consultatif d'Éthique Français admite o zigoto como sendo um ser humano em potencial. Segundo o relatório sobre a experimentação no embrião do Conselho Português de Ética para as Ciências da Vida. 4 out. 1995. Sendo impossível negar a existência de uma nova vida desde a (cariogamia), o concepto não poderá ser objeto de qualquer experimentação que conduza, ou possa conduzir, à sua destruição.
Cf. Reinaldo Pereira e Silva. *Introdução ao biodireito: investigações político-jurídicas sobre o estatuto da concepção humana*, cit., p. 88-89. O Informe Warnock sobre Fertilização e Embriologia, publicado no reino Unido em 1984, defende a chamada teoria do pré-embrião, assim como o relatório Waller, do Estado de Vitória, na Austrália, também de 1984 e o Informe Palácios, publicado na Espanha em 1986.

Acerca do conceito de personalidade, importante é a lição de Maria Helena Diniz, que compreende como sendo a aptidão genérica para adquirir direitos e contrair obrigações[11].

E continua com a sua precisa lucidez: "A personalidade é o conceito básico da ordem jurídica, que a estende a todos os homens, consagrando-a na legislação civil e nos direitos constitucionais de vida, liberdade e igualdade".[12]

No mesmo sentido é a lição de Plácido e Silva sobre personalidade, quando afirma que tecnicamente exprime a qualidade de pessoa, já legalmente protegida, para que lhe sejam atribuídos os direitos e obrigações, assinalados na própria lei[13].

Com firmeza elucidativa doutrina Francisco Amaral que o equívoco daqueles que atrelam a gênese da personalidade ao nascimento do indivíduo com vida, devendo-se o fato da não atribuição de personalidade ao embrião e ao nascituro, a mera política legislativa, tendo em vista que legislações há que reconhecem a personalidade a estes e outras que não o fazem.[14]

Nos ensinamentos de Elimar Szaniawski, personalidade se resume no conjunto de caracteres do próprio indivíduo; consiste na parte intrínseca da pessoa humana. Trata-se de um bem, no sentido jurídico; sendo o primeiro bem pertencente à pessoa. Através da personalidade, o indivíduo poderá adquirir e defender os demais bens.[15]

Na lição de Gilberto Haddad Jabur, que ilustra a dificuldade da doutrina nacional em reconhecer um tratamento equânime ao embrião e nascituro em consonância com a condição de pessoa, por um lado, não haveria ainda sujeito de direitos porque a vida, mesmo ausente a capacidade civil, é premissa elementar, não se pode por outro, deixar de acatar as necessidades a que o nascituro também se mostra suscetível, sob pena de se brecar a própria continuidade da espécie humana por excessivo apego ao fetichismo jurídico, que, embora firme pé em não aceitar, em terreno impróprio, a atribuição da personalidade antes do nascimento com vida, assegura o resguardo de interesses comprovados[16].

Para Pontes de Miranda personalidade é proposição: "ser capaz de direito".[17]

---

11 Maria Helena Diniz. *Curso de direito civil brasileiro:* teoria geral do direito civil, 24. ed., revista e atualizada de acordo com a Reforma do CPC, São Paulo: Saraiva, 2007, v. 1, p. 114.

12 Maria Helena Diniz. *Curso de direito civil brasileiro,*cit., v.1, p. 114.

13 Cf. De Plácido e Silva. *Dicionário jurídico.* 15. ed., revista e atualizada por Nagib Slaib Filho, Rio de Janeiro: Forense, 1999, p. 606.

14 Francisco Amaral. *Direito civil:* Introdução. Rio de Janeiro: Renovar, 1998. p. 211-212.

15 Elimar Szaniawski. *Direitos de personalidade e sua tutela.* 2. ed. revista, atualizada e ampliada. São Paulo: Revista dos Tribunais, 2005. p. 70. No mesmo sentido ver a lição de Goffredo Telles Junior. Direito Subjetivo. In: *Enciclopédia Saraiva do Direito,* v. 28, p. 315.

16 Gilberto Haddad Jabur. *Liberdade de pensamento e direito à vida privada:* conflitos entre direitos de personalidade. São Paulo: Revista dos Tribunais, p.135.

17 Pontes de Miranda. *Tratado de direito privado.* 3. ed. Rio de Janeiro: Borsoi, 1970. § 48, t.1, p. 155.

Sobre o tema leciona Clóvis Beviláqua que a personalidade jurídica tem por base a personalidade psíquica, somente no sentido de que, sem essa última não poderia o homem ser elevado até a concepção da primeira. Ressalta, ainda, o fato de o conceito jurídico e psicológico não se confundirem. Certamente porque o indivíduo vê, na sua personalidade jurídica, a projeção de sua personalidade psíquica, ou, antes, um outro campo em que ela se afirma, dilatando-se ou adquirindo novas qualidades. Todavia, na personalidade jurídica intervém um elemento, a ordem jurídica, do qual ela depende essencialmente, do qual recebe a existência, a forma, a extensão e a força ativa[18].

Em virtude da personalidade assume proporções consideráveis a discussão sobre a existência de personalidade com referência aos embriões humanos, pois ao consideramos a sua existência devemos, então, admitir que os embriões são sujeitos de direito, considerando-os como pessoa natural.

Caio Mário da Silva Pereira defende a personalidade como atributo da pessoa humana, vinculado a ela de forma indissolúvel, durante toda a sua vida. Quanto à problemática do seu início é conseqüência de quando tem começo a existência do ser humano, confundindo-se numa só a resposta a ambas as perguntas[19].

Para o nosso trabalho é muito importante a lição do professor Rodolfo Acatauassú[20], baseada em ampla bibliografia[21] científica, sobre o assunto, é de extrema clareza, pois elucida a importância da fecundação, como sendo o ponto de partida para o desenvolvimento humano, já que um zigoto é o início de um novo ser humano (ou seja, embrião) [22].

---

18 Clóvis Beviláqua. *Theoria geral do direito civil.* São Paulo: RED, 1991. p. 81.

19 Caio Mário da Silva Pereira. *Instituições de direito civil:* introdução ao direito civil - teoria geral de direito civil, 20. ed., Rio de Janeiro: Forense, 2005, v. I., p. 216.

20 Plusa B et al. The first cleavage of the mouse zygote predicts the blastocyst axis. *Nature,* 434(7031):391-5, 2005; Plusa B et al. Down regulation of Pn3 and a PKC function directs cells towards the ICM in the preimplation mouse embryo. *J Cell Sci,* 118 (Pt3): 505-515, 2005; Piotrawska – Nietsche k. Et al. Four cell stage mouse blastomeres have different developmental properties. *Development,* 132(3):479-490, 2005; Zernicka – Goetz M. First cell fate decisions and spatial patterning in the early mouse embryo. *Semin Cell Dev Biol,* 15(5):563-572, 2004; Gray D et al. First cleavage of the mouse embryo responds to change in egg shape at fertilization. *Curr Biol,* 14 (5):397-405, 2004; Mesnard d et al. A genome – wide study of gene activity reveal developmental signiling pathways in the preimplantation mouse embryo. *Dev Cell,* 6 (1): 133-144, 2004; Zernicka-Goetz M. Determing the first cleavage of the mouse zygote. *Reprod. Biomed Online,* 6 (8):160-163, 2003; Fujimori T et al. Analysis of cell lineage in twuo and four cells mouse embryos. *Development,* 21:5113-5122, 2003; Pearson H. Your destiny from day one. *Nature* 418:14-15, 2002; Gardner RL. Experimental anlysis of second cleavage in the mouse. *Hum Reprod.* 12:3178-3189, 2002; Gardner RL Specification of embryonic axes begins before cleavage in normal mouse. *Development* 128:839-847, 2001; Piotrowska K et al. Blastomeres arising from the first cleavage division have distinguishable facts in normal mouse developmental. *Development,* 128(19):3739-48, 2001; Weber R et al. Polarity of the mouse embryo is anticipated before implantation. *Development* 126:5591-8, 1999.

21 K. L. Moore. T. V. N. Persaud. *Embriologia clínica.* 7. ed. Rio de Janeiro: Elsevier, 2004. p. 2-18.

22 Rodolfo Acatauassú Nunes. In: *O direito à vida dos embriões e anencéfalos*; Paulo Silveira Leão Junior In: *Direito fundamental à vida.* São Paulo: Quartier Latin/Centro de Extensão Universitária, 2005. p. 220-221.

Segundo o autor, "De fato, existem autores que procuram definir reparos de tempo para tentar introduzir conceitos sobre o início da vida. Entretanto, essas definições esbarram na limitação em definir o que seria o estágio imediatamente anterior. Se a vida do novo ser humano se inicia na implantação endometrial, o que era antes? Já que fica difícil admitir pela intensa divisão e diferenciação celular que era um material humano sem vida, seria vida sem ser humana? Mas se fosse vida sem ser humana, como é que exibe os cromossomos característicos da espécie humana, os mesmos que são mantidos até a morte no período senil? À parte dessa irrefutável constatação, mais dados têm sido revelados e hoje vem claramente à luz o que seria racionalmente esperado: o zigoto, célula primordial do ser humano, é a sua célula mais complexa, pois dela derivam-se todas as outras. De fato, estudos experimentais em mamíferos mostram que desde o primeiro dia, desde a primeira divisão celular, as células resultantes seguem diferentes destinos. É insustentável, portanto, à luz científica atual afirmar que o embrião em sua fase inicial seja um conglomerado celular que se divide de modo aleatório só iniciando o processo de constituição de uma nova vida quando se implantar no útero ou quando se tornarem visíveis os primeiros traços do sistema nervoso. Na realidade o zigoto é uma célula extremamente complexa, já que resume em uma só toda a informação necessária ao desenvolvimento do organismo inteiro. Resulta portanto sábia uma postura de prudência ante uma realidade com tamanho grau de sofisticação. Por outro lado, é também verdade que o embrião se encontra numa fase inicial da existência. Mas a dignidade não se vincula a esta ou àquela fase da vida: ela é inerente à condição humana. Se assim não fosse, estaríamos abrindo as portas para todo tipo de arbítrio, onde os mais fortes decidiriam pela sorte dos mais fracos[23]."

É necessário, ainda, debruçarmos sobre as palavras de Dernival Brandão, que leciona ser a fertilização do óvulo pelo espermatozóide a condição para a concepção de um novo ser da espécie humana, o embrião humano. Sendo, portanto, originada a vida humana dessa fertilização, pois se estabelece um novo genoma especificamente humano, único e irrepetível. O embrião humano não é mais espermatozóide ou óvulo, mas um ser humano completo tendo em vista que nada mais essencial à sua constituição lhe será acrescentado após a concepção. O novo ser já está formado com toda a gama de informações genéticas/moleculares independentes, operando em unidade, com uma individualidade biológica e identidade humana[24].

Nos ensina Maria Helena Diniz que a vida se inicia com a fecundação, mas a vida viável apenas com a gravidez, que se dá com a nidação, entendemos que na

---

[23] Dernival Brandão. Bioética e pessoa humana. In: Ives Gandra da Silva (coord.). *Direito fundamental à vida,* cit., p. 570-571.

[24] Maria Helena Diniz. *Código civil anotado.* 11. ed. aumentada e atualizada de acordo com o novo Código Civil (Lei n. 10.406, de 10-01-2002). São Paulo: Saraiva, 2005. p. 9.

verdade o início legal da consideração jurídica da personalidade é o momento da penetração do espermatozóide no óvulo, mesmo fora do corpo da mulher[25].

Na doutrina de Eliana Franco Neme obtemos a síntese dessa questão, quando ela afirma que "não há mais dúvida, para a ciência, de que, a partir do momento em que o óvulo é fecundado, inaugura-se uma nova vida que não é nem a do pai nem a da mãe, mas sim a de um novo ser humano que se desenvolve por conta própria. Nunca mais se tornaria humana, se não o fosse desde então. O embrião humano pertence à categoria dos seres dotados de vida humana pessoal. O embrião humano, a partir, pois, de sua concepção, tem todos os direitos de vida humana e merece todo o respeito enquanto tal. Ele não pode ser produzido como material disponível para laboratórios, nem eliminado, quer por ser supranumerário, quer por não possuir as qualidades desejadas de saúde. Bastaria a possibilidade de ser um ente humano para se evitar a manipulação ou supressão do embrião[26]."

Para a respectiva autora, a embriologia moderna pode afirmar com segurança que o processo evolutivo embriológico é contínuo, iniciando-se no momento da concepção, culminando no nascimento e prosseguindo depois deste. Por isso, o feto deve ser considerado geneticamente autônomo, único e irrepetível. Com a união das duas células germinais, quer dizer, com a concepção, começa o desenvolvimento de um novo indivíduo humano, ou seja, uma nova criação não existente até esse momento. A diferença qualitativa entre a vida nascida e a vida não nascida inexiste. Nenhum biólogo afirmará que uma criança antes do parto é qualitativamente outro ser distinto, quer dizer, um ainda não homem[27].

É preciso, segundo leciona a autora supramencionada, dizer que não existe pré-embrião. Nada existe antes do embrião, e o ser formado pela união do espermatozóide do homem e o óvulo da mulher constitui um humano único sobre o universo. O uso da expressão "pré-embrião" configura um artifício para eliminar vidas humanas já concebidas. É uma maneira de anestesiar as conseqüências diante de um fato concreto: a extinção de um ser humano no início de sua trajetória vital[28].

Ora, o embrião ainda não implantado poderia ser considerado nascituro, pois conforme análise dos conceitos ele já é ser humano, possuidor de genoma, sendo um ser único, que ao ser implantado em uma mulher se desenvolverá, para ao final de nove meses já poder respirar e se alimentar fora do ventre da mãe[29].

---

[25] Eliana Franco Neme. O estatuto epistemológico do embrião humano. In: *15 anos da Constituição Federal:* em busca da efetividade. Bauru: Faculdade de Direito de Bauru, 2003. p. 233.

[26] Eliana Franco Neme O Estatuto epistemológico do embrião humano. In: *15 anos da Constituição Federal*: em busca da efetividade, cit, p. 232- 233.

[27] Eliana Franco Neme, O Estatuto epistemológico do embrião humano. In: *15 anos da Constituição Federal:* em busca da efetividade, cit, p. 232-233.

[28] Maria Cristina Zainaghi. *Os meios de defesa dos direitos do nascituro*, São Paulo: LTr, 2007, p. 24.

[29] No Brasil avançamos no que se refere ao reconhecimento dos direitos do embrião, como por exemplo no projeto de lei n°00007/2007 que altera a Lei 9.250/95 de autoria do senador Francisco Dornelles, que autoriza a declaração dos fetos como dependentes deduzindo, portanto do Imposto de Renda dos Genitores as despesas referentes aos mesmos

Percebemos – após estudo apurado sobre o tema – que é incontroversa a condição do embrião como sujeito de direitos, dessa maneira não há como não considerarmos em sua existência, personalidade jurídica, pois, uma vez sujeito de direito, conseqüentemente é possuidor de personalidade[30].

De fato não temos qualquer dificuldade em defender que o embrião, o nascituro e a pessoa humana são sinônimos da mesma condição jurídica, significativamente, tanto o nascituro quanto o embrião são a pessoa humana num momento de vida diferenciado[31], que, frisamos com destaque, não diminui ou restringe a sua situação no mundo jurídico[32].

Profetiza Caio Mário da Silva Pereira: "como o homem é o sujeito das relações jurídicas, e a personalidade a faculdade a ele reconhecida, diz-se que todo homem é dotado de personalidade. Mas não se diz que somente o homem, individualmente considerado, tem esta aptidão[33]."

Outro aspecto a que devemos nos ater é a questão da capacidade, se a toda pessoa humana é atribuída personalidade, sendo esta um atributo da condição de ser humano[34], o complemento da personalidade seria a capacidade, ou seja, como ressalta Maria Helena Diniz, citando Teixeira de Freitas, "é a manifestação do poder de ação implícito no conceito de personalidade[35]."

Conforme lição de Silvio Rodrigues "Mas no mundo moderno, e na quase-totalidade dos países, a mera circunstância de existir confere ao homem a possibilidade de ser titular de direitos. E isso se chama personalidade"[36].

Portanto, em síntese, personalidade e capacidade completam-se: de nada valeria a personalidade sem a capacidade jurídica que se ajusta assim ao conteúdo da personalidade, na mesma e certa medida em que a utilização do direito integra a idéia de ser alguém titular[37].

---

30 Em consonância com tal posicionamento, encontramos amparo no art. 1°, n° 2 da Convenção Americana de Direitos Humanos, da qual o Brasil é um dos signatários, que dispõe que "pessoa é todo ser humano", não fazendo ressalva quanto à vida *extra ou intra-uterina* (Cf. Cristiane Beuren Vasconcelos. *A proteção jurídica do ser humano* in vitro *na era da biotecnologia*. São Paulo: Atlas, 2006. p. 65).

31 Sobre o assunto, esclarecedora é a concepção de Pablo Stolze e Rodolfo Pamplona Filho (Pablo Stolze Gagliano, Rodolfo Pamplona Filho. *Novo curso de direito civil*: parte geral, São Paulo: Saraiva, 2002, v.I, p. 160): "Sem violação ao princípio da tipicidade, levando-se em conta o fato de a lei penal não definir o que seja aborto, não se poderia negar proteção jurídica a um embrião fecundado *in vitro*, pelo simples fato de se formar fora do útero materno. O aspecto circunstancial não pode prevalecer sobre a razão da norma. A lei tutela a vida desde a sua formação, e o fato de o desenvolvimento embrionário ocorrer em laboratório não é justificativa para negar a aplicação da lei penal. Afinal, onde há a mesma razão, deve haver o mesmo direito".

32 Caio Mário da Silva Pereira. *Instituições de direito civil,* cit., v. I, p. 213.

33 No mesmo sentido: Carlos Roberto Gonçalves. *Direito Civil Brasileiro:* parte geral, São Paulo: Saraiva, 2003, v. 1, p. 70.

34 Maria Helena Diniz. *Curso de direito civil brasileiro,* cit., v. 1, p. 115.

35 Silvio Rodrigues. *Direito civil:* parte geral, 32. ed., São Paulo: Saraiva, 2002, v.1, p. 35.

36 Caio Mário da Silva Pereira. *Instituições de direito civil,* cit., v. I, p. 263.

37 Sobre o tema, ver Silmara J. A. Chinelato Almeida. O nascituro no Código Civil e no nosso direito

Dessa maneira consideramos que ao ser humano in vitro devem ser atribuídas personalidade e capacidade de direito – ambas condizentes com a sua condição de pessoa natural. A capacidade de fato, para exercer direitos, não possui restrições quanto aos direitos fundamentais, mas encontra ressalva – justificada – com relação aos chamados direitos patrimoniais.

> Como possibilitar o gozo de vantagens patrimoniais àquele que ainda não nasceu? Ao mesmo tempo, como não assegurar o mínimo ao que ainda vai nascer para resguardar seus interesses e o exercício de direitos futuros? Desta feita, com respeito à vida, especialmente em relação à pessoa humana em situação de laboratório, defendemos que os direitos patrimoniais existem, devem ser assegurados, pelos responsáveis legais – sejam pais ou curador –, mas o exercício pelo legítimo titular fica condicionado ao seu nascimento com vida, o que a nosso ver seria uma condição resolutiva[38].

3. Cotejo da situação jurídica do embrião, do nascituro e da pessoa natural

A elaboração desse item deu-se pela necessidade de avaliarmos com a acuidade necessária os elementos de interseção existentes entre o ser humano in vitro, o nascituro e a pessoa humana nascida. Tem como principal propósito a determinação do início da vida e da conceituação do embrião como sujeito de direitos, que é o âmago da presente discussão e o ponto central para a reflexão que essa pesquisa se propõe a fazer.

Começaremos a análise comparativa pelo embrião e nascituro, pois, conforme verificamos, reside – para a doutrina pátria – grande controvérsia, injustificada a nosso ver, no que tange à condição jurídica de ambos os sujeitos.

Na acepção doutrinária, nascituro é o ser humano que continua o seu desenvolvimento no interior do útero materno[39] até que ocorra o seu nascimento. Já o embrião in vitro é o ser humano em estado de criopreservação, concebido, mas ainda não implantado em útero materno.

A controvérsia no que tange ao início da vida se dá em síntese pela polarização da discussão concepção x implantação[40]. Mas, em virtude do que dispõe o nosso

constituendo. In: Carlos Alberto Bittar (coord.). *O direito de família e a Constituição Federal de 1988*, cit., p. 39-52.

38 A gestação pode ocorrer no útero da mãe biológica, da mãe adotiva (que adotou o embrião) ou ainda no útero da chamada mãe substituta – que cede o seu útero para a gestação, sem qualquer benefício financeiro.

39 Sobre o tema vide: Maria Celeste Cordeiro Leite Santos. *O equilíbrio de um pêndulo. Bioética e a lei: implicações médico-legais*. São Paulo: Ícone, 1998. p. 157.

40 Eduardo A. Zannoni. *Inseminación artificial y fecundación extrauterina*. Buenos Aires: Astrea de Alfredo y Ricardo Depalma, 1978. p. 89.

diploma civil, em seu art. 2°, e a própria evidência no terreno da genética humana, pois conforme verificamos anteriormente, a fertilização faz surgir um ser humano único, distinto dos gametas que lhe deram origem, defendemos que seja considerada desde a fecundação a sua existência. E que na construção de uma proteção jurídica efetiva à pessoa concebida, nem o nascimento com vida, muito menos a implantação podem ser usados como causas de condição suspensiva.

Posição semelhante é adotada por Eduardo A. Zannoni, que defende que a fecundação provoca a concepção mesmo que seja fora do meio físico natural e a partir desse momento o embrião passa a ser um ser em potencial[41].

Ocorre que, apesar da distinção essencial entre nascituro e ser humano in vitro, podemos encontrar com relativa facilidade semelhanças entre ambos, que passamos a analisar em seguida.

O nascituro antes de implantado ou quando fecundado naturalmente, também já foi embrião; enquanto o embrião implantado no útero materno será considerado também nascituro.

No tocante ao desenvolvimento do nascituro, durante sua vida intra-uterina não há certeza de nascimento com vida, mesmo considerando o acompanhamento médico, o avanço da medicina de diagnóstico e neonatal; na mesma medida o descongelamento e implantação do ser humano in vitro também podem ensejar no óbito da pessoa humana em situação de laboratório, seja pelo uso de técnicas equivocadas, ou pela interrupção da gravidez em decorrência, por exemplo, de problemas de saúde da geriatriz.

Tanto o nascituro quanto o ser humano in vitro são considerados pessoas humanas. Percebe-se tal realidade quando se verifica que a formação de um novo ser ocorre a partir da fecundação, pois é a partir desse momento que a pessoa terá um código genético único, e com isso será portadora do genoma que a identificará até o final da sua vida. Sendo assim, como tanto o embrião quanto o nascituro advêm de um processo de fecundação, devemos, portanto, considerá-los pessoas humanas[42].

Decorrente da condição de pessoa – inerente ao ser humano in vitro e no mesmo sentido ao nascituro, acolhemos a tese da personalidade civil, ou seja, são ambos sujeitos titulares de direitos, no campo extrapatrimonial e patrimonial.

Porquanto serão os dois – ser humano in vitro e nascituro – titulares de direitos díspares como os de cunho personalíssimo e os sucessórios, esses últimos apenas se concretizarão com evento morte do antecessor, ao qual sucedem, a nosso ver – sem qualquer óbice – pela condição de pessoa humana inerente a ambos.

---

41 No mesmo sentido ver Cristiane Beuren Vasconcelos. *A proteção jurídica do ser humano* in vitro *na era da biotecnologia*, cit., p. 79.

42 No mesmo sentido ver Cristiane Beuren Vasconcelos. A proteção jurídica do ser humano in vitro na era da biotecnologia, cit., p. 79.

Com relação à controvérsia causada quanto à condição jurídica, tanto do nascituro, quanto do ser humano in vitro, estão sujeitos a variedade de teorias e suscitam discussões infindáveis. Toda essa controvérsia, apenas, para que ao final (nascimento) ambos dêem surgimento à pessoa humana nascida.

Com o propósito de evidenciarmos as semelhanças e dissemelhanças, urge que façamos a análise comparativa entre a pessoa nascida e o embrião in vitro. Em princípio o que diferencia um do outro é o nível de desenvolvimento, pois ambos são possuidores de código genético próprio – genoma. Como nos explica Juan Ramon Lacadena, "a individualização de um novo ser requer que se dêem duas propriedades: a unicidade – qualidade de ser único – e a unidade – realidade positiva que se distingue de toda outra; quer dizer, ser um só"[43]. Concordamos que tanto a pessoa nascida como o embrião humano in vitro são possuidores de unicidade e unidade. Desse modo devemos desconsiderar qualquer conceituação que defina um aparato protecionista inferior ao ser humano in vitro.

Para prosseguirmos com o nosso estudo, é de suma importância fazermos a identificação e conceituação do que seja a "pessoa humana", pois esse conceito, além de gerar grande controvérsia no mundo jurídico, seja quanto ao início da vida, a forma da sua regulamentação, ou a existência de personalidade e capacidade, é fundamental para o desenvolvimento do tema.

A palavra pessoa advém do latim persona, e foi emprestada à linguagem teatral na antiguidade romana. Primitivamente, significava máscara. Os atores adaptavam ao rosto uma máscara, provida de disposição especial, destinada a dar eco às suas palavras. Personare queria dizer, pois, ecoar, fazer ressoar. A máscara era uma persona, porque fazia ressoar a voz da pessoa. Após curiosa transformação no sentido, o vocábulo passou a significar o papel que cada ator representava e, mais tarde, exprimiu a atuação de cada indivíduo no cenário jurídico[44].

Para Maria Helena Diniz, para ser "pessoa" basta que o homem exista, e, para ser "capaz", o ser humano precisa preencher os requisitos necessários para agir por si, como sujeito ativo ou passivo de uma relação jurídica[45]. Ora, inegavelmente a pessoa humana in vitro existe – apesar de não ter capacidade de fato –, possui o que denominamos capacidade de direito por sua condição de ser humano – em situação de laboratório –, mas ser humano. O que contribui com a nossa acepção de que a condição de nascida ou de apenas concebida não pode ser critério determinante para se negar proteção jurídica à pessoa não nascida.

---

43 Juan Ramon Lacadena. *Status del embrión previo a su implantación, la vida humana, origen y desarrollo*. Madrid: Universidad Pontifícia Comillas, 1989. p. 36-37.

44 Washington de Barros Monteiro. *Curso de direito civil:* parte geral. 39. ed. atualizada por Ana Cristina de Barros Monteiro França Pinto. São Paulo: Saraiva, 2003. v. 1, p. 61.

45 Maria Helena Diniz. *Curso de direito civil brasileiro,* cit., v.1, p. 115. No mesmo sentido Diego Espín Cánovas. *Manual de derecho civil español.* v. 1, p. 100. Sobre o tema ver também Mário Emílio Bigotte Chorão. *Concepção realista da personalidade jurídica e estatuto do nascituro*. Coimbra: Almedina, 1986. p. 267.

Quanto ao tema, assim se pronuncia Carlos Roberto Gonçalves, que a nomenclatura pessoa natural revela-se a mais adequada, como reconhece a doutrina em geral, por designar o ser humano tal como ele é, com todos os predicados que integram a sua individualidade.[46] Ressaltamos, com base na doutrina do mencionado autor, a individualidade do ser humano in vitro, que não pode ser considerado mero produto dos gametas que lhe deram origem, mas um ser humano, já que é dono de código genético próprio e único.

Caio Mário da Silva Pereira defende que a "concepção de pessoa natural se confunde com a idéia de personalidade, pois exprime a aptidão genérica para adquirir direitos e contrair deveres. Essa aptidão é hoje reconhecida a todo ser humano, o que exprime uma conquista da civilização jurídica.[47]"

Na formação de um conceito amplo para designar a pessoa natural é relevante a reflexão de Silvio Rodrigues que afirma: "Se toda relação jurídica tem por titular a pessoa humana, verdadeiramente é, também, que toda pessoa pode ser titular de uma relação jurídica, isto é, todo ser humano tem capacidade para ser titular de direitos"[48]. O que endossa o nosso entendimento acerca da condição de pessoa do embrião humano in vitro, pois compreendemos que o mesmo é sujeito de direito, uma vez que é titular de relações jurídicas, sendo injustificável – como desejam alguns – o tratamento como se fosse objeto. Basta que tenhamos em mente que toda pessoa se origina de um embrião, o que em outras palavras assegura que o embrião é a pessoa em desenvolvimento[49].

Contundente é a lição de Capelo Souza sobre o tema quando o insigne autor assim se manifesta:

> "Quem é pessoa? Que é ser pessoa? Será a pessoa uma estrutura normatizada da ordenação socioeconômica? Ou será início, centro e sentido criador da sociabilidade projectada? Era Daslin e/ou Mitsein? Será a pessoa predominantemente

---

[46] Carlos Roberto Gonçalves. *Direito civil brasileiro,* cit., v. 1, p. 76.

[47] Caio Mário da Silva Pereira. *Instituições de direito civil,* cit., v. 1, p.213.

[48] Silvio Rodrigues. *Direito civil,* cit., v. 1, p. 35. No mesmo, sentido ver também Pablo Stolze Gagliano, Rodolfo Pamplona Filho. *Novo curso de direito civil,* cit., v. I, p. 89; Roberto Senise Lisboa. *Manual de direito civil:* teoria geral do direito civil. 3. ed. revista, atualizada e ampliada. São Paulo: Revista dos Tribunais, 2004, v. 1, p. 292 – o presente autor prefere preservar a nomenclatura pessoa física por uma questão semântica, respeitamos a sua opinião, mas preferimos a acepção pessoa natural, pois o termo pessoa física dá suma importância a existência material, por não acreditarmos que a pessoa seja apenas a manifestação corpórea adotamos a terminologia pessoa natural; Silvio de Salvo Venosa. *Direito civil:* parte geral. 6. ed. atualizada de acordo com o Código Civil de 2002. São Paulo: Atlas, 2006. v. 1, p. 123.

[49] Neste sentido ver também a lição de Manuel A. Domingues de Andrade (*Teoria geral da relação jurídica:* sujeitos e objecto. Reimpressão. Coimbra: Almedina, 1992. v. 1, p. 30-31), que assegura que para designar quem pode ser sujeito de relações jurídicas, embora porventura não seja na realidade sujeito de nenhuma, usa-se antes – e é mais rigoroso – o termo sujeito de direito ou sujeito jurídico. Mas se as duas noções são conceitualmente diversas na prática há uma eqüipolência, a bem dizer completa, entre elas. Quem for sujeito de direito, e como tal sujeito potencial de direitos, será ao mesmo tempo sujeito real de direitos.

uma substância metafísica dotada de transcendência a si própria? Ou será antes uma mera individualidade psicofísica ou simples invólucro de um epifenómeno físico? Ou não será a pessoa uma mera categoria reflectora da predominância de um certo tipo de interesse de classe? Ou, até, não será ela apenas uma ficção ideológica ou antiideológica? Será a pessoa a liberdade e a independência, perante o mecanismo da restante natureza, se um ser submetido a leis próprias, puras e práticas, estabelecidas pela sua própria razão?... Quem é e o que é ser pessoa, para o direito?"[50]

Em síntese, julgamos pessoa natural aquela oriunda de fecundação que ocorre na forma intracorpórea ou extracorpórea, sendo, portanto, desde a concepção sujeito de direitos e obrigações, independentemente de seu desenvolvimento intra--uterino ou da sua completa desvinculação do ente materno; compreendemos que, mesmo o embrião – implantado ou não –, devemos considerá-lo (assim como o nascituro) pessoa natural[51]. Porquanto é importante que tal compreensão resida na necessidade de outorgamos ao ser humano *in vitro* a estrutura protetiva, indispensável ao seu pleno desenvolvimento e possibilitando, com isso, a ocorrência do seu nascimento.

4. A Lei da Biossegurança x Ação direta de inconstitucionalidade nº 3510 - parâmetros para a desconsideração da proteção à pessoa embrionária?

O Supremo Tribunal Federal em decisão por maioria julgou improcedente a argüição de inconstitucionalidade no tocante ao art. 5º da Lei 11.105/2005 que faculta o uso de células-tronco de embriões crio-conservados há pelo menos três anos a contar da data da publicação da mencionada legislação[52].

Dessa maneira os embriões considerados inviáveis seriam aproveitados pela ciência no uso terapêutico para a cura de males que afligem a sociedade, tais como doenças degenerativas e doenças crônicas como câncer ou males genéticos, que estariam com os dias contados pelo uso das células-tronco embrionárias.

---

50 Rabindranath V. A. Capelo Souza. *Direito Geral de Personalidade*. Coimbra: Coimbra, 1995. p. 15.

51 Posição diversa é adotada por Silmara Juny de Abreu Chinelato e Almeida, O nascituro no Código Civil e no nosso direito constituído. In: Carlos Alberto Bittar (coord.). *O direito de família e a Constituição de 1988*. São Paulo: Saraiva, 1989. p. 40, para quem somente se deve falar em nascituro quando houver a nidação do ovo, apesar de estabelecer que a fecundação é o início da vida.

52 O Supremo Tribunal Federal, em 29 de maio de 2008, por maioria e nos termos do voto do relator Ministro Carlos Brito, julgou improcedente a ação direta de inconstitucionalidade nº3510, vencidos, parcialmente, em diferentes extensões, os Ministros Menezes Direito, Ricardo Lewandowski, Eros Grau, Cezar Peluso e o Presidente, Ministro Gilmar Mendes. Plenário.

Contudo tal julgamento não excedeu o seu mérito, evitando dessa maneira a contextualização do início – para o direito brasileiro – da vida humana. A controvérsia e a dificuldade do feito pode ser percebida pelo fato da Corte brasileira não ter conseguido entrar em acordo sobre o referido fato[53]. Passaremos, portanto, à análise de aspectos, que em nosso entendimento devem ser levados em consideração acerca do posicionamento da Suprema Corte brasileira.

O uso de embriões excedentários – mesmo que para fins terapêuticos – deve a nosso ver ser considerado prática violadora do direito à vida, uma vez que compreendemos que a vida se inicia com a fecundação do óvulo pelo espermatozóide, independentemente de ter sido realizada no interior do corpo humano, ou fora do mesmo, por meio do de técnicas artificiais reprodução assistida.

Defendemos, inclusive a extensão da proteção dada ao nascituro ao embrião, apesar da decisão proferida pelo STF na ADIN nº 3510, já que o dito julgamento não teve o condão de analisar o início do surgimento da vida humana, apenas a possibilidade de utilização para fins terapêuticos dos embriões inviáveis, levando-se em consideração que apenas seriam objeto de terapia os embriões que há época da publicação da lei da biossegurança estivessem crioconservados há pelo menos três anos, conforme já mencionamos anteriormente.

Em momento algum, a Corte Magna se manifestou favorável ao extermínio da vida embrionária, ou muito menos indicou que a concepção de embriões teria por objetivo atender tratamentos terapêuticos, apenas atendeu ao pedido de verificação se o dispositivo do art. 5º da lei 11.105/2005 estaria eivado ou não de inconstitucionalidade.

Entendemos que a posição adotada pelo STF, não condiz com a proteção assegurada à vida pela Constituição Federal, já que a Carta Magna não faz qualquer distinção acerca da espécie de vida ou do seu início.

Percebemos que a defesa da vida encontra obstáculo no uso das expressões substância humana ou material humano, com relação aos embriões em estado de crioconservação, pois onde há substância humana necessariamente haverá organismo humano, dessa maneira a conceituação que utilizamos no tocante aos embriões, continua sendo o de pessoa embrionária.

A controvérsia do tema, sem dúvida reside no fato de que há resistência na consideração da pessoa embrionária como nascituro, decorrendo desse fato o uso equivocado de expressões como material humano ou conteúdo humano, ao invés do termo mais adequado que seria a conceituação de pessoa humana embrionária.

No entanto, não há fundamento para o presente equívoco, porque a ciência já se encarregou de explicar o surgimento da nova vida como sendo a partir da

---

53 A polêmica acerca do tema, assim como a sua relevância fez com que o STF, pela primeira vez em sua história, convocasse uma audiência pública para debater a questão do uso de células-tronco embrionárias, em 20 de abril de 2007, com médicos, cientistas e defensores pró e contra o uso dos embriões.

fecundação, uma vez que mesma possibilitará o surgimento de um organismo vivo, com código genético próprio – completamente distinto daqueles que o originaram. Se a formação de um novo código genético delimita o surgimento de um novo ser, como não considerá-lo pessoa? Em nosso entendimento a presente controvérsia se dá em face de uma pseudo-liberdade científica que não justifica que vidas embrionárias sejam ceifadas sem qualquer fiscalização que de fato ateste a sua inviabilidade.

Não pretendemos com isso afastarmos o avanço no campo da medicina de diagnóstico ou muito menos no uso de células-tronco, muito pelo contrário, defendemos o uso de células-tronco em terapias, desde que o seu doador tenha discernimento para consentir com a presente prática. Também não temos qualquer oposição ao uso das células-tronco de material retirado do cordão umbilical, assim como da placenta, mas compreendemos que o comodismo do uso de células-tronco embrionárias não atende a proteção à vida embrionária, uma vez que o uso das mesmas condena à morte o embrião de onde fora retiradas.

Dessa maneira, preservamos a nossa posição em defesa da vida humana, em qualquer manifestação seja nascida, em processo de desenvolvimento intra-uterino, ou ainda embrionária, em detrimento da opinião expressada pela maioria dos ministros do STF; pois em nosso entendimento os julgamentos são frutos de um tempo, de percepções humanas, entretanto a vida transcende tais aspectos e sobrevive apesar dos mesmos.

Capítulo II

A PROTEÇÃO CONSTITUCIONAL DA PESSOA HUMANA EM SITUAÇÃO DE LABORATÓRIO

1. Generalidades

É imprescindível para o presente trabalho nos debruçarmos sobre o estudo da proteção jurídica da pessoa humana em situação de laboratório, desta maneira, dedicamos este capítulo ao estudo da referida proteção na Constituição Federal.

Com o fulcro na inegável constitucionalização do direito civil fazemos a análise da tutela protetiva à pessoa humana à luz da Constituição Federal de 1988.

De fato poderíamos ter realizado este estudo quando fizemos a análise da personalidade jurídica do embrião, mas preferimos dar um destaque a tutela constitucional de ser humano *in vitro*, seja pela própria controvérsia causada a sua equiparação como pessoa humana[54], ou pela ausência de legislação específica que trata da matéria. De tal maneira que optamos por destacar a forma como o embrião *in vitro* está resguardado pela Carta Magna, para que possamos ultrapassar este questionamento quanto à existência – indiscutível – de instrumentos protetivos que resguardem esta fase da pessoa humana, sem dificuldades ou discussões, pois é o que o direito pátrio regulamentou, basta que tenhamos um cuidado maior quando por ocasião da interpretação dos dispositivos legais.

Começaremos este estudo pela proteção constitucional, pois compreendemos que o direito civil moderno sofre intensa influência do direito constitucional, prova disso é o novo Código Civil, em que os princípios constitucionais e os direitos fundamentais possuem papel de destaque, impondo-se às relações interprivadas,

---

54 Na doutrina de Maria Garcia (*Limites da Ciência:* a dignidade da pessoa humana: a ética da responsabilidade. São Paulo: Revista dos Tribunais, p. 188), a referida autora se manifesta sobre a elasticidade do conceito de pessoa humana da seguinte forma: "Em outros termos, no momento biológico do início da vida – que é esta o bem cuja inviolabilidade vem protegida na Constituição aqui, já, em área do Direito Constitucional, e especificamente da Constituição Brasileira, área em que a divisão doutrinária da teoria civilista deve ficar ao largo, em face dos avanços da Biociência, haverá necessidade de rever o conceito privatista de *pessoa humana*".

aos interesses particulares, de modo que faça prevalecer uma verdadeira constitucionalização do Direito Privado[55]. Além do que inegavelmente tem a Carta Magna, no sistema hierárquico das normas, prevalência sobre o Código Civil, vez que este último tem natureza – inegavelmente – infraconstitucional[56].

Isso se deve, sem dúvida, à chamada constitucionalização do direito civil, pelo fato de o texto constitucional da Carta Magna de 1988 regulamentar temas antes reservados exclusivamente ao Código Civil[57]. Como nos ensina José Joaquim Gomes Canotilho, o direito privado perde sua irredutível autonomia quando as regulações civilísticas – legais ou contratuais – vêem o seu conteúdo substancialmente alterado pela eficácia direta dos direitos fundamentais na ordem jurídica privada[58].

Esta constitucionalização do direito civil, que num primeiro momento, poderia caracterizar antinomia, conflito de normas, não ocorre, seja como nos ensina Maria Helena Diniz[59], pela aplicabilidade dos critérios para solução de antinomias no direito interno, ou pelo simples fato de a lei civil ter assimilado e incorporado princípios constitucionais[60], sem que haja conflito normativo, pois estamos diante

---

55 Cf. Caio Mário da Silva Pereira. *Instituições de direito civil*, cit., v. I, p. XV.

56 André Ramos Tavares (Elementos para uma teoria geral dos princípios na perspectiva constitucional. In: George Salomão Leite (org.). *Dos princípios constitucionais - considerações em torno das normas principiológicas da Constituição.* São Paulo: Malheiros, 2003. p. 21-24), sintetiza o tema na seguinte lição: "É preciso resgatar, inicialmente a idéia de Quintana no sentido de identificar uma 'alma' constitucional. Para o constitucionalista argentino: *A alma ou espírito da Constituição* está conformado pelo complexo, integral e orgânico, dos valores essenciais filosóficos, morais, históricos, sociais, jurídicos, econômicos etc., assim como dos ideais, finalidades, propósitos e, em geral, condições que inspiram, animam e fundamentam a totalidade ou parte qualquer do texto do corpo da Constituição, enquanto lei funcional, fundamental e suprema do país.
Para o mencionado autor as Constituições são o receptáculo natural da idéia de valores dominantes na sociedade. Ademais, os valores são positivados, em geral, por meio dos denominados "princípios constitucionais". São, pois, os princípios constitucionalmente adotados que apresentam a carga axiológica incorporada pelo ordenamento jurídico.
Ressalta ainda, no texto em epígrafe, que a constitucionalização de princípios não lhes altera a estrutura, pois continuam a pertencer a essa categoria geral denominada "princípios" (muito embora dela – constitucionalização – derive uma eficácia diversa para essa categoria mais específica).

57 Gustavo Tepedino. *Temas de direito civil.* Rio de Janeiro: Renovar, 1999. p. 7.

58 José Joaquim Gomes Canotilho. Civilização do direito constitucional ou constitucionalização do direito civil? A eficácia dos direitos fundamentais na ordem jurídico-civil no contexto do direito pós-moderno. In: Eros Roberto Grau e Willis Santiago Guerra Filho (org.). *Direito constitucional: estudos em homenagem a Paulo Bonavides.* São Paulo: Malheiros, 2003. p. 113.

59 Maria Helena Diniz (*Conflito de Normas.* 2. ed. São Paulo: Saraiva, 1996. p. 34-39) assim leciona: "Ante a importância de se saber qual das duas normas antinômicas deve ser aplicada de preferência, a ordem jurídica prevê uma série de critérios para a solução de antinomias no direito interno, que são:
a) O hierárquico ('*lex superior derrogat legi inferiori*'): baseado na superioridade de uma fonte de produção jurídica sobre outra;
b) O cronológico ('*lex posterior derrogat legi priori*'), que se remota ao tempo em que as normas começaram a ter vigência, restrigindo-se somente ao conflito de normas pertencentes ao mesmo escalão;
c) O da especialidade ('*lex specialis derrogat legi generali*'), que visa a consideração da matéria normada, com o recurso aos meios interpretativos. Entre *lex specialis* e a *lex generalis* há um *quid specie* ou uma *genus au specie.*"

60 Sobre o assunto ver Ingo Wolfgang Sarlet (Dignidade da Pessoa Humana e Direitos Fundamentais.

de uma inegável constitucionalização da legislação civil, fruto sem dúvida da dificuldade de, na atualidade, identificarmos o direito em classificações puristas de público e privado, já que há cada vez mais direito privado no âmbito público, assim como há – e muito – direito público no âmbito privado.

Sem dúvida a constitucionalização do Código Civil evita a ocorrência de antinomias, mas devemos também esta inexistência de conflitos ao funcionamento do controle da constitucionalidade que impede a subsistência da eficácia da norma contrária à Constituição, pressupondo, necessariamente, a idéia de supremacia constitucional, pois na existência de um escalonamento normativo, em que é a Constituição a norma-origem, encontra o legislador seu limite, devendo obedecer à forma prevista e ao conteúdo anteposto. Por isso, ato normativo contrário ao texto constitucional será considerado presumidamente constitucional até que por meio de mecanismo previstos constitucionalmente se declare a sua inconstitucionalidade e, conseqüentemente, a retirada de sua eficácia, ou executoriedade[61].

2. Princípios constitucionais aplicados ao embrião in vitro

Vislumbramos, por ocasião do estudo constitucional do tema deste trabalho que a proteção constitucional à pessoa humana em situação de laboratório funda-se essencialmente nos princípios constitucionais do respeito à dignidade e à vida.

Conforme lição de Jussara Maria Leal de Meirelles, o reconhecimento do homem como sujeito de dignidade é elemento fundante da ordem jurídica brasileira atual. Dentre os alicerces do Estado Democrático de Direito brasileiro, destacam-se a cidadania e a dignidade da pessoa humana, havidas pela Constituição de 5 de outubro de 1988 como valores fundamentais a legitimar todo o ordenamento jurídico, dando-lhe o suporte axiológico necessário a lhe conferir harmonia e coerência[62].

In: Dos princípios constitucionais considerações em torno das normas principiológicas da Constituição, p. 214):

"Nossa Constituição vigente foi a primeira na história do Constitucionalismo pátrio a prever um título próprio destinado aos princípios fundamentais, situado – em manifesta homenagem ao especial significado e função destes – na parte inaugural do texto, logo após o "Preâmbulo" e antes dos direitos fundamentais, revelando que nosso constituinte, de forma clara e inequívoca, outorgou aos princípios fundamentais a qualidade de normas basilares de toda a ordem constitucional, inclusive (e especialmente) das normas definidoras de direitos e garantias fundamentais, que igualmente integram (juntamente com os princípios fundamentais) aquilo que se pode – e neste ponto parece haver consenso – denominar *núcleo essencial* da nossa Constituição formal e material".

61 Cf. Maria Helena Diniz. *Norma constitucional e seus efeitos*. 3. ed. atualizada. São Paulo: Saraiva, 1997. p. 15.

62 Jussara Maria Leal de Meirelles. Estatuto jurídico do embrião. In: Maria de Fátima Freire de Sá e Bruno Torquato de Oliveira Naves (coords.). *Bioética, biodireito e o Código Civil de 2002*. Belo Horizonte: Del Rey, 2004. p. 171.

E continua a referida autora na sua análise sobre a questão, consagrada à pessoa humana como referencial basilar do sistema jurídico, distingue a Constituição o direito à vida como direito fundamental, garantindo-lhe a inviolabilidade[63].

Para Miguel Reale a pessoa humana é um valor fonte, ocupando o primeiro lugar na escala de valores[64].

No mesmo sentido assim leciona Jussara Maria Leal de Meirelles:

> "Firmando-se a Constituição Federal sobre o valor da pessoa humana, é de se afastar o convencimento de que a personalidade é mera subjetividade, e que o ser humano é mero sujeito, cuja qualificação está vinculada apenas à titularidade jurídica. A pessoa humana é valor, e o seu reconhecimento como tal implica pôr-se em relevo o respeito a ente humano"[65].

Destacamos, portanto, dois princípios constitucionais[66]: o do respeito à dignidade e à vida e os invocamos na questão da pessoa *in vitro*, para analisarmos a sua eficácia quanto à proteção jurídica do ser humano em situação de laboratório. Começaremos pelo estudo do princípio que protege e resguarda a vida humana, passando em seguida para a verificação do princípio da dignidade da pessoa humana, já que é a dignidade que permite a existência de uma existência plena, sem restrições. Entretanto, em decorrência de tais princípios, outros direitos constitucionalmente são assegurados como à existência digna, à saúde, à filiação, etc.

---

63 Jussara Maria Leal de Meirelles. Estatuto jurídico do embrião. In: Maria de Fátima Freire de Sá e Bruno Torquato de Oliveira Naves (coords.). *Bioética, biodireito e o Código Civil de 2002,* cit., p.171.

64 Miguel Reale. *Filosofia do direito.* 10. ed. São Paulo: Saraiva, 1983. p. 211.

65 Jussara Maria Leal de Meirelles. Estatuto jurídico do embrião. In: Maria de Fátima Freire de Sá e Bruno Torquato de Oliveira Naves (coords.). *Bioética, biodireito e o Código Civil de 2002,* cit., p. 171.

66 Sobre a positivação dos princípios constitucionais, preconiza Paulo Bonavides (*Curso de direito constitucional.* 13. ed. São Paulo: Malheiros, 2003. p. 289-290): "Posto no ponto mais alto da escala normativa, eles mesmos, sendo normas, se tornam, doravante, as normas supremas do ordenamento. Servindo de pautas ou critérios por excelência para avaliação de todos os conteúdos normativos, os princípios, desde sua constitucionalização, que é ao mesmo passo positivação no mais alto grau, recebem como instância valorativa máxima categoria constitucional, rodeada do prestígio e da hegemonia que se confere às normas inseridas na Lei das Leis. Com esta relevância adicional, os princípios se convertem igualmente em *norma normarum*, ou seja, normas das normas" .
No mesmo sentido é a lição do jurista português José J. Canotilho (*Direito constitucional e teoria da constituição.* 3. ed. Coimbra: Almedina, 1998. p. 171), quando este afirma que os princípios jurídicos fundamentais são aqueles historicamente objectivados e progressivamente introduzidos na consciência jurídica e que encontram uma recepção expressa ou implícita no texto constitucional

3. O direito à vida

O direito à vida, por ser essencial ao ser humano[67], condiciona os demais direitos da personalidade[68]. A Constituição Federal de 1988, em seu art. 5°, *caput*, assegura a inviolabilidade do direito à vida, ou seja, a integralidade existencial, conseqüentemente, a vida é um bem jurídico tutelado como direito fundamental básico desde a concepção, momento específico, comprovado cientificamente, da formação da pessoa[69].

A nossa Carta Magna de 1988 foi a primeira Constituição brasileira que se debruçou com maior dedicação em proteger a vida humana, assim como os direitos oriundos da existência da pessoa.

É, considerado, portanto, o primeiro de todos os direitos naturais do homem, ao qual se vinculam o direito de nascer e, ao longo de toda a existência, o de viver com dignidade. Trata-se de um direito natural do homem porque o direito positivo não tem condições de criá-lo, competindo-lhe apenas o reconhecimento de sua precedência. É um direito que não admite gradações: ou se está vivo ou se está morto. Sendo também responsável por dar fundamento a todos os demais direitos constitutivos da pessoa humana, dentre os quais o direito de ser respeitada em sua própria identidade, o direito de não ser instrumentalizada e o direito de ser considerada como portadora de uma dignidade especifica que não se reduz à dignidade de qualquer outra pessoa humana[70].

---

67 Sobre os direitos fundamentais é relevante o ensinamento de Norberto Bobbio (*A era dos direitos.* Trad. Carlos Nelson Coutinho. Rio de Janeiro: Campus, 1992. p. 37-38): "(...) o importante não é funadamentar os direitos do homem, mas protegê-los não basta proclamá-los. Falei até agora somente das várias enunciações, mais ou menos articuladas. O problema real que temos de enfrentar, contudo, é o das medidas imaginadas e imagináveis para a efetiva proteção desses direitos. É inútil dizer que nos encontramos aqui numa estrada desconhecida; e, além do mais, numa estrada pela qual trafegam, na maioria dos casos, dois tipos de caminhantes, os que enxergam com clareza, mas têm os pés presos, e os que poderiam ter os pés livres mas têm os olhos vendados". Ver também Bertrand Mathieu. La vie em droit constitutionnel compare: elements de reéflexion sur um droit incertain. Paris: Société de Législation Comparée. N.4(1), oct./dec. 1998. *Revue internationale de droit compare.* p.1038. Hélio Bicudo. *Direitos humanos e sua proteção.* São Paulo: FTD, 1997. p. 59.

68 Bastante interessante é o pensamento de Gilberto Haddad Jabur (O direito à vida como direito ao nascimento.In:*Direito fundamental à vida.* São Paulo: Quartier Latin/Centro de Extensão Universitária, 2005, p. 432), sobre a questão: "Direito nenhum é absoluto. Nem a vida o é, mas não o é por duas e apenas duas normas de exceção domésticas: uma, de ordem biojurídica, segundo a qual o abortamento necessário é via única de preservação da vida maternal, de modo que impunível (CP, art. 128, I); outra, de fundo político-jurídico, permissora da pena capital em época de guerra declarada pelo Presidente da República (CF, art. 5°, XLVII, *a*, e art. 84, XIX). São hipóteses longe das quais a preservação da *fluência natural* da vida se afirma inarredável" .

69 Maria Helena Diniz. *O estado atual do biodireito.* 2. ed. aumentada e atualizada de acordo com o novo Código Civil (Lei n. 10.406, de 10-01-2002). São Paulo: Saraiva, 2002. p. 21.

70 Cf. Reinaldo Pereira e Silva. *Introdução ao biodireito: investigações político-jurídicas sobre o estatuto da concepção humana*, cit., p. 200.

A vida, como o mais importante direito – consagrado internacionalmente pelas declarações de direitos humanos e constituições[71] –, consolida-se como tronco fundamental, sem o qual todos os demais direitos não teriam existência possível[72].

Na visão de José Afonso da Silva, a definição do que se chama vida "é um risco de se ingressar no terreno suprarreal, que não levará a lugar algum. Mas alguma palavra há de ser dita sobre esse *ser* que é objeto de direito fundamental. Vida, no texto constitucional (art. 5°, *caput*), não será considerada apenas no seu sentido biológico de incessante auto-atividade funcional, peculiar à matéria orgânica, mas na sua acepção biográfica mais compreensiva. Sua riqueza significativa é de difícil compreensão, porque é algo dinâmico, que se transforma incessantemente sem perder sua própria identidade. É mais um processo (processo vital), que se instaura com a concepção (ou germinação vegetal), transforma-se, progride mantendo sua identidade, até que muda de qualidade, deixando, então, de ser vida para ser morte. Tudo que interfere em prejuízo desse fluir espontâneo e incessante contraria a vida"[73].

---

71 Reflexo disso é a previsão da proteção e respeito à vida em algumas Constituições estrangeiras: a Constituição espanhola, em seu art. 15, estabelece o direito à vida como um direito de todos; a Constituição Política da República do Chile, no art. 19, também assegura a todas as pessoas o direito à vida; a Constituição portuguesa, em seu art. 24, estabelece a proteção à vida garantindo que a mesma é inviolável; a Constituição da República do Paraguai prevê no art. 50 que o Estado deve proteger a vida da pessoa humana; assim como a Constituição Política da República de El Salvador, no seu art. 2°, que toda pessoa tem direito à vida.

72 Cristiane Beuren Vasconcelos. *A proteção jurídica do ser humano* in vitro *na era da biotecnologia*, cit., p. 109.

73 José Afonso da Silva. *Direito constitucional positivo.* São Paulo: Malheiros, 2002. p. 196. No mesmo sentido: Álvaro Villaça Azevedo (Ética, Direito e Reprodução Humana Assistida. In: Maria Helena Diniz e Roberto Senise Lisboa (coords.). *O Direito civil no Século XXI.* São Paulo: Saraiva, 2003. p. 57). cita a lição de Jérôme Lejeune ("Genética humana e espírito", conferência proferida no auditório Petrônio Portella, no Senado Federal, em 27 de agosto de 1991, traduzida do francês pela Associação Pró-Vida de Brasília, Centro Gráfico do Senado Federal, 1992. p. 15-19), quando depôs, perante o juiz da cidade de Maryville, no Estado americano do Tennessee, em um processo de divórcio. O casal, que desejava, há muitos anos, um filho, sem tê-lo conseguido, já tinha recorrido à fecundação extracorpórea, com a concepção de nove embriões, dois dos quais tinham sido implantados no útero da mãe, restando, ainda, sete congelados. Os dois embriões implantados não sobreviveram, como acontece com 95% dos casos de fecundação *in vitro.* Com o divórcio do casal, fez-se a partilha dos bens normalmente, havendo divergência quanto "àquelas sete esperanças de vida, os sete embriões". A mulher pretendendo a inseminação desses embriões, e o marido não querendo ser pai de um filho da mulher de quem se divorciou. Dizia o marido, referindo-se aos embriões: "eu prefiro que eles fiquem no frio para sempre".
Explicou, então, Lejeune ao Juiz que, com o congelamento, pode parar-se o tempo, mas não a vida, "porque não se destrói a informação, a mensagem que está em cada célula. Se a aquecer, novamente, quando se retoma o tempo, a vida reaparece".
Entendendo essa explicação, julgou o juiz como Salomão, dizendo que os embriões: "São seres humanos, uma vez que tiveram origem na união de um espermatozóide e de um óvulo humanos e, segundo os técnicos não se destruiu a mensagem humana"; completando: "Eu os confio à custódia de sua mãe, porque, nos termos da lei, *parens patrie*, o pai da pátria, o Estado deve ser o pai de todos os que não têm pais e, nesse caso, o Estado deve decidir que o pai, ao qual se confia um ser humano, é aquele que quer a vida desse filho, e não aquele que deseja a sua morte" .

Quanto ao momento em que se inicia, é indispensável à lição de Maria Helena Diniz, que assim leciona: "A vida humana é amparada juridicamente desde o momento da fecundação natural ou artificial do óvulo pelo espermatozóide" (CC, art. 2°, Lei n. 8.975/95 e CP, arts. 124 a 128)[74].

Concordamos com a posição adotada pela mencionada autora, pois a nosso ver o não reconhecimento da vida do ser humano *in vitro*, afronta o princípio constitucional do respeito à vida, mas vai mais além já que não promover a proteção do ser humano em situação de laboratório descumpre o disposto no art. 3°, inc. IV da Carta Magna, ou seja, a promoção do bem comum, independentemente de origem, raça, sexo, cor, idade e quaisquer outras formas de discriminação. Ora, não visualizar o embrião humano, como vida humana, é agir com discriminação e preconceito gerando, desta maneira, uma violação ainda maior que é contra a própria existência humana.

Com efeito, ao ingressar no texto constitucional, aflora de imediato a determinação de consagrar a inviolabilidade da vida como um direito fundamental, no *caput* do art. 5°. Resta dizer que esta decisão será entendida em toda a sua plenitude e magnitude. Não obstante, as manifestações e problemas ocasionados pelas descobertas biomédicas, as manipulações genéticas, a clonagem não degradam o sistema imposto pela Constituição, apenas alertam para a carência de elementos claros para resolver situações novas e de importância para toda a humanidade[75].

Com precisão Luiz Edson Fachin doutrina sobre o tema. A vida – segundo a sua concepção – deixa de ser apenas o primeiro e mais fundamental direito tutelado pelo ordenamento jurídico para se tornar condição essencial da possibilidade dos outros direitos. Desenvolve-se aí a concepção da supremacia da vida humana e para se entendida como vida deve ser digna. Esse paradigma impõe pensar a vida (existência) sob um aspecto material, ou seja, o ponto de partida desse modelo é a vida biológica. Assim sendo, pode-se afirmar que a vida nunca irá reduzir-se a uma mera abstração, haja vista seu substrato concreto, físico e biológico[76].

Segundo Elimar Szaniawiski, o respeito ao direito à vida da pessoa humana *in vitro* se dá com base em dois pilares, que são, respectivamente, o direito de nascer e o direito de nascer do embrião excedente[77].

Sobre o Direito de nascer devemos considerá-lo como sendo o direito que toda pessoa concebida tem de nascer e de não ter impedido o desenvolvimento de sua

---

[74] Maria Helena Diniz. *O estado atual do biodireito,* cit., p. 22.

[75] Pietro de Jesús Lora Alarcón. *Patrimônio genético humano e sua proteção na Constituição Federal de 1988.* São Paulo: Método, 2004. p. 181.

[76] Luiz Edson Fachin. *Fundamentos limites e transmissibilidade* – anotações para uma leitura construtiva e de índole constitucional da disciplina de direitos da personalidade no código civil brasileiro. Rio de Janeiro: Revista EMERJ, 2005. p. 58.

[77] Elimar Szaniawski. *Direitos da personalidade e sua tutela,* cit., p. 148.

vida, a fim de alcançar o seu desenvolvimento pessoal, espiritual e material. Para tanto, será necessária sua proteção do momento da concepção até a sua morte[78].

Neste sentido é a lição de Maria Helena Diniz:

> "Somos a favor da legalização da vida e não da morte, uma vez que a norma constitucional garante a todos a inviolabilidade do direito à vida, que deverá ser respeitado. Admitir legalmente nos tempos atuais, que se coloque uma etiqueta num ser humano, decidindo se deve ou não nascer, que se exija perfeição física e mental para viver, que se garanta à gestante o direito de optar entre a vida ou morte de seu filho ou que se permita que seres humanos inocentes e indefesos sofram a pena capital, sem um processo legal, seria um retrocesso. Equivaleria a aceitar uma nova e falsa moral, que dá à vida um valor relativo, permitindo apenas a sobrevivência de seres humanos que satisfaçam determinados padrões estéticos, físicos ou intelectuais e atendam aos interesses egoísticos de seus pais. Como acatar isso se a Constituição Federal proclama, com todas as letras, o valor absoluto da vida humana?"[79]

Consideramos o direito à vida como o direito a não morrer, em outras palavras, a não ser descartado, cedido a experimentos científicos – inviabilizando dessa maneira o nascimento; a não sofrer também redução embrionária, pois entendemos ser esta uma prática abortiva[80].

A problemática do embrião excedentário diz respeito ao direito de nascer, da impossibilidade de uma pessoa humana na sua fase embrionária ser tratada como lixo hospitalar ou como experimento científico[81].

Como resultante do direito de nascer, vislumbramos, em defesa da vida humana, o direito de não morrer que seria a permissão para que todos se desenvolvessem, encontrando a plenitude do desenvolvimento pessoal, espiritual e material, sem que fosse impedido dessa evolução[82].

Com efeito, a maior preocupação que alguém deve ter antes de procurar uma clínica de reprodução assistida é com a responsabilidade que surgirá perante o filho, ou filhos que nascerão, bem como diante dos embriões que não foram utilizados na procriação, pois estes não são meros objetos de propriedade dos genitores biológicos, mas são seres em desenvolvimento, são pessoas portadoras de

---

78 Elimar Szaniawski. *Direitos da personalidade e sua tutela,* cit., p. 148.

79 Maria Helena Diniz. *O estado atual do biodireito,* cit., p. 102-103.

80 Sobre o tema ver Guilherme Calmon Nogueira da Gama. Direito penal e bioética: o aborto e os embriões congelados e descartados. In: *Revista de julgados do Tribunal de Alçada Criminal do Estado de São Paulo,* n. 57, p. 13-24, maio/jun. 2002.

81 Elimar Szaniawski. *Direitos da personalidade e sua tutela,* cit., p. 151.

82 Elimar Szaniawski. *Direitos da personalidade e sua tutela,* cit., p. 154.

personalidade natural. Logo, são possuidores do direito à vida e ao nascimento, e não poderá qualquer lei infraconstitucional usurpar-lhes o direito de nascer[83].

Proteger as pessoas humanas em fase embrionária, resguardando suas vidas, é o libelo de respeito à vida humana, ao patrimônio genético de um país. Aqueles que desconhecem tal assertiva, acabam por desmerecer a si mesmos, haja vista que omitem a sua condição anterior de embrião, condição a que todos, sem exceção, um dia pertencemos[84].

Bastando para dirimir dúvidas ou incertezas a simples indagação: há vida humana sem a fase embrionária? Ou ainda, qual a pessoa nascida que não foi embrião? Sem que tenhamos alteração do genoma, após o nascimento, podemos admitir a inviabilidade do nascimento das pessoas *in vitro* apenas pela fecundação ter se dado em laboratório?

Acreditamos que independentemente da forma como se deu a fecundação; o propósito é o mesmo, ou seja, à procriação de seres humanos. O que necessariamente leva a conclusão de que sendo embrião humano, mesmo que em situação de crioconservação, devemos concebê-lo como pessoa[85].

A proteção constitucional à vida se reflete também na qualidade de vida, uma vez que devemos assegurar ao ser humano *in vitro* um sadio desenvolvimento, protegendo-o de todo e qualquer risco a sua integridade, evitando, dessa maneira, manipulações ou técnicas invasivas com propósitos que não sejam a sua proteção.

Sobre o assunto se pronuncia Maria Garcia: "O genoma, o pré-embrião, o embrião partilham desse processo vital denominado *vida* e como esta, na sua acepção jurídica de *direito à vida*, devem ter a proteção constitucional dos direitos compreensivos da personalidade humana, compondo o elenco dos direitos humanos fundamentais"[86].

Com lucidez, ainda sobre o tema da proteção à vida dos embriões humanos *in vitro,* pronuncia-se Jussara Maria Leal de Meirelles, dizendo que, ao se subordinar à aquisição de direitos pelo embrião pré-implantatório à condição representada pela sua transferência ao útero seguida de nidação, seja sob o caráter suspensivo seja pelo resolutivo, estar-se-ia reduzindo a referida titularidade à vontade de outrem, já que a sua transferência depende da vontade dos interessados no desenvolvimento do outro ser, que poderiam ser os titulares dos gametas fecundantes ou não[87].

---

83 Elimar Szaniawski. *Direitos da personalidade e sua tutela,* cit., p. 154.

84 No mesmo sentido ver Jussara Maria Leal de Meirelles. *Estatuto do embrião.* In: Maria de Fátima Freire de Sá e Bruno Torquato de Oliveira Naves (coords.). *Bioética, biodireito e o Código Civil de 2002,* cit. p. 175-176.

85 Na mesma idéia ver também Jussara Maria Leal de Meirelles. Os embriões humanos mantidos em laboratório e a proteção da pessoa: O Novo Código Civil brasileiro e o texto constitucional. In: Heloísa Helena Barboza e Vicente de Paula Barreto (orgs.). *Novos temas de biodireito e bioética.* Rio de Janeiro: Renovar, 2003. p. 85.

86 Maria Garcia. *Limites da ciência:* a dignidade da pessoa humana: a ética da responsabilidade, cit.,. p. 181.

87 Jussara Maria Leal de Meirelles. *Os embriões humanos mantidos em laboratório e a proteção da pessoa,* cit., p. 88-89.

Concordamos com a colocação realizada pela referida autora – apesar de discordarmos, com a devida vênia, da mesma, pelo não reconhecimento da condição de pessoa humana do ser humano *in vitro* –, haja vista que compreendemos que a pessoa humana *in vitro* não pode ser tratada como uma *quase-pessoa*, ora tendo o reconhecimento de alguns atributos, ora possuindo restrições ou condições para a verificação de seus direitos. Todavia, é verdade que, quanto aos direitos de cunho efetivamente patrimonial, fica difícil o seu exercício, devendo nestes casos – assim como na defesa de direitos e interesses não-patrimoniais –, contar com o auxílio de um representante para assegurar seus direitos e prerrogativas. Não vemos, portanto, nenhum óbice à aquisição de direitos patrimoniais.

Com o propósito de abordarmos o tema com a abrangência necessária, faz-se mister analisarmos as implicações do princípio à vida, pois compreendemos que os seus efeitos jurídicos são observados ainda no próprio texto constitucional. É o caso do direito à integridade física e mental ao direito à imagem e direito aos alimentos e os seus efeitos com relação à pessoa humana *in vitro.*

4. O direito à dignidade da pessoa humana

Após a análise do princípio constitucional que regula a proteção à vida, seja na fase adulta ou embrionária, debruçamo-nos atentamente sobre o respeito à dignidade como instrumento de defesa da integralidade do embrião *in vitro.* Haja vista a impossibilidade de atribuirmos ou assegurarmos a vida da pessoa humana em situação de laboratório sem que esta tenha condições adequadas e dignas para desenvolver-se.

Pela intensa complexidade do tema adotamos a conceituação da dignidade da pessoa humana, conforme lição de Ingo Wolfgang Sarlet, que profere a seguinte definição: "temos por 'dignidade da pessoa humana' a qualidade intrínseca e distintiva de cada ser humano que o faz merecedor do mesmo respeito e consideração por parte do Estado e da comunidade, implicando, neste sentido, um complexo de direitos e deveres fundamentais que assegurem a pessoa tanto contra todo e qualquer ato de cunho degradante e desumano, como venham a lhe garantir as condições existenciais mínimas para uma vida saudável, além de propiciar e promover sua participação ativa e e co-responsável nos destinos da própria existência e da vida em comunhão com os demais seres humanos"[88].

Para o mencionado autor, uma das maiores dificuldades quanto à conceituação da dignidade da pessoa humana reside no fato de ser uma qualidade da pessoa humana[89].

---

[88] Ingo Wolfgang Sarlet. *Dignidade da pessoa humana e direitos fundamentais na Constituição Federal de 1988.* 2. ed. Porto Alegre: Livraria do Advogado, 2002. p. 62.

[89] Sobre o princípio da dignidade, são de extrema importância as palavras de Rosa Maria Barreto Borriello de Andrade Nery (Cf. Rosa Maria Barreto Boriello de Andrade Nery. *Noções preliminares de direito civil.* São Paulo: Revista dos Tribunais, 2002. p. 113-114): "Os princípios fundamentais, como

Consagrando expressamente, no título dos princípios fundamentais, a dignidade da pessoa humana como um dos fundamentos do nosso Estado Democrático (e Social) de Direito (art. 1°, III, da CF), nosso constituinte de 1988 –, além de ter tomado uma decisão fundamental a respeito do sentido, da finalidade e da justificação do exercício do poder estatal e do próprio Estado, reconheceu categoricamente que é o Estado que existe em função da pessoa humana, e não o contrário, já que o ser humano constitui a finalidade precípua, e não meio, da atividade estatal. Além disso, tendo sido reconhecida pela ordem jurídica estatal (expressa ou implicitamente), verifica-se que a dignidade da pessoa passou a integrar o direito positivo vigente – e é nesta condição que ora vai analisada, sem que com isso esteja a desconsiderar e minimizar a relevância de uma fundamentação filosófica da dignidade[90].

Além disso, verifica-se que a doutrina e a jurisprudência – notadamente no que diz com a construção de uma noção jurídica de *dignidade* – cuidaram, ao longo do tempo, de estabelecer alguns contornos basilares de conceito, concretizando minimamente seu conteúdo, ainda que não se possa falar, também aqui, de uma definição genérica e abstrata consensualmente aceita; isto sem falar no ceticismo manifesto de alguns no que diz com a própria possibilidade de uma concepção jurídica da dignidade. Nesse contexto, costuma-se apontar corretamente para a circunstância de que a dignidade da pessoa humana (por tratar-se, à evidência – e nisto não diverge de outros valores e princípios jurídicos –, de categoria axiológica aberta) não poderá ser conceituada de maneira fixista, ainda mais quando se verifica que uma definição desta natureza não harmoniza com o pluralismo e a

---

já se disse, refletem-se em princípios gerais de Direito privado quando informam seus elementos e privilegiam a realidade fundamental do fenômeno jurídico, que é a consideração de que o homem é *sujeito* de direito e nunca *objeto* de direito. Esse reconhecimento principiológico se alicerça em valor fundamental para o exercício de qualquer elaboração jurídica; está no cerne daquilo que a Ciência do Direito experimentou de mais especial; está naquilo que o conhecimento jusfilosófico buscou com mais entusiasmo e vitalidade: é a mais importante consideração jusfilosófica do conhecimento científico do Direito. É o fundamento axiológico do Direito; é a razão de ser da proteção fundamental do valor da pessoa e, por conseguinte, da humanidade do ser e da *responsabilidade que cada homem tem pelo outro*. Por isso se diz que a Justiça como valor é o núcleo central da axiologia jurídica, e a marca desse valor fundamental de Justiça é o homem, princípio e razão de todo o direito (...).

Diz-se, com muita propriedade, que a Vida e a liberdade são as expressões mais extraordinárias dessa dignidade humana, porque é na essência do ser que se encontram os elementos identificadores dela. Logo, a Vida Humana é que tem dignidade; a liberdade do homem é que tem dignidade; e tudo isso deve necessariamente refletir no anseio científico que justifica a tomada de decisão anterior à elaboração mesma da norma. Quando o espírito do legislador, ou o espírito do intérprete, ou do decididor, se olvida desse princípio, desaparecem todos os elementos que autorizam dizer tenha sido realizada verdadeira análise científica do Direito.

Como a Vida é essencialidade do ser humano e a liberdade é a potencialidade expressiva da existência humana, são esses os *valores* que norteiam o *princípio* da dignidade da pessoa humana. Falar-se em dignidade do ser humano, portanto, é prestigiar-lhe a Vida e a liberdade. O princípio de Direito que se põe a nortear o conhecimento científico a partir desse parâmetro eleva o *ser humano* a uma dignidade própria dessa sua condição existencial" .

90 Ingo Wolfgang Sarlet. *Dignidade da pessoa humana e direitos fundamentais,* cit., p. 215.

diversidade de valores que se manifestam nas sociedades democráticas contemporâneas, razão pela qual correto afirmar-se que (também aqui) nos deparamos com um conceito em permanente processo de construção e desenvolvimento[91].

Na acepção de Elimar Szaniawski, o princípio da dignidade é uma cláusula geral de concreção da proteção e do desenvolvimento da personalidade do indivíduo[92].

Para Alexandre de Moraes, a dignidade da pessoa humana é um valor espiritual e moral inerente à pessoa, que se manifesta singularmente na autodeterminação consciente e responsável da própria vida e que traz consigo a pretensão ao respeito por parte das demais pessoas, constituindo-se em *um mínimo invulnerável* que todo estatuto jurídico deve assegurar, de modo que, somente excepcionalmente, possam ser feitas limitações ao exercício dos direitos fundamentais, mas sempre sem menosprezar a necessária estima que merecem todas as pessoas enquanto seres humanos[93].

Temos o desrespeito à vida da pessoa humana em fase embrionária, quando os embriões *in vitro* são eliminados, ou ainda ocorrendo manipulação com o firme propósito de assegurar pesquisas em detrimento da vida humana que ali se encontra[94].

Como podemos caracterizar o aviltamento da dignidade referente aos embriões *in vitro*? Simplesmente por todas as situações em que haja perigo iminente de termos a morte da pessoa humana em situação de laboratório ou nos casos em que seu desenvolvimento seja paralisado ou impedido, obstaculizando a sua evolução natural, podemos vislumbrar algumas hipóteses, como, por exemplo, em face do congelamento a que são submetidos os embriões em laboratório, ainda há situação de violação à dignidade quando esta conservação não é adequada à sua preservação, ou seja, material inadequado, temperatura diversa da ideal para a sua sobrevivência, ou nos casos em que os responsáveis pela pessoa *in vitro* abdicam

91 Ingo Wolfgang Sarlet. *Dignidade da pessoa humana e direitos fundamentais,* cit., p. 201-202.

92 Elimar Szaniawski. *Direitos de personalidade e sua tutela,* cit., p. 136-137.

93 Alexandre de Moraes. *Direito constitucional.* 6. ed. São Paulo: Atlas, 1998. p. 47. Ver: Reinaldo Pereira e Silva. Biodireito: o novo direito à vida. In: *Os novos direitos no Brasil: natureza e perspectivas, uma visão das conflituosidades jurídicas.* São Paulo: Saraiva. 2003. p. 300. Sobre o início da regulamentação ética com base no respeito à dignidade da pessoa humana, devemos citar o Relatório Belmont (1978), no Estado de Mariland, Estados Unidos da América, que identificou três princípios éticos gerais: 1) o respeito pela pessoa (autonomia), incorporando duas convicções éticas: 1.1) todas as pessoas devem ser tratadas com autonomia; e 1.2) as pessoas cuja autonomia esteja diminuída ou se encontre em desenvolvimento devem ser protegidas (vulnerabilidade); 2) a beneficência, também incorporando duas convicções éticas: 2.1) não causar dano; e 2.2) maximizar os benefícios e minimizar os possíveis riscos; 3) a justiça, enquanto imparcialidade na distribuição dos riscos e benefícios.

94 Segundo Maria Garcia (*Limites da Ciência:* a dignidade da pessoa humana: a ética da responsabilidade, cit., p. 201), a questão é de importância nuclear: junto ao problema da escolha de células germinais coloca-se em primeiro lugar, do ponto de vista do direito constitucional, a questão sobre se os zigotos humanos – nascidos da fecundação extracorpórea mas não implantados no útero – podem ser sacrificados em favor de outros embriões, ou usados para experiências e, por conseqüência, também destruídos; ou se tais embriões "excedentes" devem ser eliminados.

da sua sobrevivência, não possibilitando a sua implantação no útero materno para condená-la uma vida de congelamento indeterminado.

Ressaltamos ainda que o princípio da dignidade influenciou a criação de outros dispositivos constitucionais, como é o caso do art. 226, § 7° da Carta Magna, gerando a obrigação de os genitores se responsabilizarem pelos filhos, haja vista que a procriação deve ser realizada mediante o planejamento familiar, a cooperação mútua de ambos os pais[95], cabendo aos mesmos a livre eleição dos métodos contraceptivos utilizados pelo casal, ou, ainda, com relação à escolha do momento ideal para a chegada dos filhos. Cabe – precisamos destacar – ao Estado o dever de propiciar os meios necessários (educacionais e científicos) ao exercício da paternidade responsável e do planejamento familiar.

No tocante à situação da pessoa humana *in vitro* – as atribuições da paternidade responsável devem ser analisadas de perto pela especificidade das relações, já que é usual nos casos de inseminação artificial a fertilização de mais de um óvulo, criando os chamados embriões excedentes que são em regra congelados e acabam, quando não utilizados para a gestação, tendo – apenas – dois destinos: o descarte (em alguns acasos após experiências científicas), sendo tratados como coisa qualquer, ou o congelamento por tempo indeterminado[96]. Pela aplicabilidade do princípio da paternidade responsável, o casal que busca uma clínica de reprodução humana assistida obrigatoriamente teria que adotar as seguintes alternativas: fertilizar apenas um óvulo por vez –, desta maneira evitaríamos a existência de

---

95 Acerca da responsabilidade do casal para a livre escolha de métodos de concepção ou contracepção, esta igualdade é conseqüência do princípio da igualdade conjugal, assegurado às relações matrimoniais desde a Constituição Federal de 1988, que em seu art. 226, § 5°, dispõe sobre a igualdade dos direitos e deveres conjugais.
Conforme análise de Carlos Alberto Bittar (*O direito civil na Constituição de 1988*. 2. ed. revista e atualizada. São Paulo: Revista dos Tribunais, 1991. p. 63-64), a igualdade de direitos entre homem e mulher na sociedade conjugal, assegurada pela Carta Magna, rompe com todas as regras discriminatórias existentes em nossa legislação codificada, tanto as de proeminência do marido, quanto as de compensação ou de privilégios outorgados à mulher. (...) A vida do núcleo familiar deverá, pois, ser dirigida e mantida por ambos, para a constituição da comunidade espiritual e material que se acha na base do instituto do casamento, ligado à própria subsistência da espécie e da manutenção das tradições pessoais de cada família.
O CC de 2002 reproduziu o princípio da igualdade conjugal no dispositivo do art. 1.567, que estabelece o exercício da chefia conjugal por ambos os consortes em colaboração mútua.
Discorrendo sobre igualdade conjugal, assim se manifesta Luis Díez-Picazo y Antonio Gullón (*Sistema de derecho civil.* Madrid: Tecnos, 2004. v. IV, p. 94): "En el Derecho vigente, la igualdad jurídica es una exigencia constitucional (art. 32.1 Const.). Significa ello, obviamente, que cualquier organización jurídica del matrimonio debe respetar ese principio y que son inconstitucionales las leyes en que se establezcan normas o preceptos que violen la igualdad".
No Direito vigente, a igualdade jurídica é uma exigência constitucional (art. 32.1 da Constituição espanhola). Significa isso, obviamente, que qualquer organização jurídica do matrimônio deve respeitar esse princípio e que são inconstitucionais todas as leis em que se estabeleçam normas ou preceitos que violem esta igualdade. (Tradução livre da autora.)

96 No mesmo sentido ver também Elimar Szaniawski. *Direitos de personalidade e sua tutela,* cit., p. 152.

embriões excedentários; ou assumir a obrigação – nos casos de várias fertilizações – da concepção de todos os embriões fecundados.

Como nos ensina Jussara Maria Leal de Meirelles, é preciso lembrar que os embriões de laboratório podem representar as gerações futuras; e, sob ótica oposta, os seres humanos já nascidos foram, também, embriões na sua etapa inicial de desenvolvimento (e muitos deles foram embriões de laboratório). Logo, considerados os embriões humanos concebidos e mantidos *in vitro* como pertencentes à mesma natureza das pessoas humanas nascidas (...) a eles são perfeitamente aplicáveis o princípio fundamental da dignidade (...)[97].

Justifica-se, com base nos efeitos do princípio da dignidade da pessoa humana, a digressão para a análise da igualdade constitucional referente a figura dos filhos, como prevê o art. 227, § 6°, da Carta Magna, com o propósito de impedir a discriminação dos filhos decorrente da sua concepção. Neste momento, é oportuna a comparação com os filhos havidos de fecundação intracorpórea dos concebidos por fecundação extracorpórea, aplicando aos mesmos os ditames da igualdade entre os filhos, não há que se falar de distinções no tratamento dispensado ao filho nascido e ao que foi concebido, mas encontra-se congelado.

Em respeito ao princípio da dignidade da pessoa humana é que Adriana Diaféria[98] defende medidas assecuratórias da proteção à dignidade da pessoa humana e assim doutrina sobre o assunto:

> "A reificação ('coisificação') e a apropriação de elementos do corpo humano tornam urgente a adoção de uma principiológica axiológica fundada na dignidade da pessoa humana, cujo respeito visa impedir que os indivíduos sejam reduzidos a suas características genéticas nas pesquisas científicas. A singularidade e a diversidade do genoma humano devem ser respeitadas em sua totalidade"[99].

Ressaltamos, portanto, que o respeito à dignidade da pessoa humana em situação de laboratório versa sobre o respeito à vida e a preservação do ser humano, antes mesmo que se dê o desenvolvimento, quando da implantação em útero materno. A não 'coisificação' do ser humano embrionário é o primeiro passo para a preservação da pessoa *in vitro*, abolindo-se práticas abortivas e experimentais com relação à vida embrionária.

---

97 Jussara Maria Leal de Meirelles. *Os embriões humanos mantidos em laboratório e a proteção da pessoa: o novo código civil brasileiro e o texto constitucional.* In: Heloísa Helena Barboza e Vicente de Paula Barreto (orgs.). *Novos temas de biodireito e bioética.*, cit., p. 92-93.

98 Adriana Diaféria. Princípios estruturadores do direito à proteção do patrimônio genético humano e as informações genéticas contidas no genoma humano como bens de interesses difusos. In: Fernanda Carneiro e Maria Celeste Emerick (coords.). *Limite: a ética e o debate jurídico sobre o acesso e uso do genoma humano.* Rio de Janeiro: Fiocruz, 2000. p. 172.

99 *Vide* Luiz Edson Fachin. Discriminação por motivos genéticos. In: *Bioética, biodireito e o novo Código Civil de 2002,* cit., p. 185-186.

Capítulo III

DIREITOS PESSOAIS DO EMBRIÃO IN VITRO

1. Noções gerais

Com o advento do novo Código Civil, pela primeira vez em nosso direito codificado é realizada a previsão legal, quanto ao reconhecimento da existência da pessoa humana *in vitro*, quando o mencionado diploma legal passou a proteger o reconhecimento dos filhos havidos por meio de inseminação homóloga e heteróloga.

Ademais – não de forma expressa é verdade, mas usando de interpretação extensiva –, podemos entender que a proteção do dispositivo legal do art. 1° do Código Civil atende a proteção do ser humano *in vitro*, vez que protege *toda pessoa humana*, não fazendo qualquer distinção entre a fase em que esta se encontra – se infante, adulta ou embrionária –, reconhecendo que a pessoa humana é, portanto, titular de direito e obrigações.

O art. 2° do diploma civil continua na mesma acepção, estabelecendo que a personalidade começa com o nascimento com vida, mas ressalva que desde a concepção a lei põe a salvo os direitos do nascituro. Neste aspecto a doutrina (conforme já vimos anteriormente) não chega a um consenso, atribuindo diversas interpretações ao referido preceito legal. Percebemos na presente redação elementos controvertidos, pois o legislador resguarda desde a concepção os interesses do nascituro, mas se o embrião humano também é um ser já concebido, desta maneira, o dispositivo também o protege?[100]

---

[100] Sobre o tema é esclarecedora a lição de Cristiane Beuren Vasconcelos (*A proteção jurídica do ser humano* in vitro *na era da biotecnologia*, cit., p. 73), que defende que embrião e nascituro devem ser reconhecidos como sinônimos, ou seja, se anteriormente o termo compreendia o ser concebido *in utero*, por não se visualizar a concepção em outro ambiente, uma vez demonstrada a ampliação dessa possibilidade, importa tão-somente alargar a extensão do conceito, acomodando-o às novas evidências desveladas pela ciência médica, campo que já há muito contribui com o Direito de uma forma interdisciplinar. Ademais, não é nenhuma novidade o fato de a ciência jurídica jamais ter andado lado a lado com a evolução daquela área, uma vez que seu objeto de estudo – no intuito maior de promover a segurança social – sempre tenha se constituído em um conjunto mais estável no tempo. Na visão de Ricardo Luís Lorenzetti (Cf. *Fundamentos do direito privado.* Tradução de Vera Maria Jacob de Fradera. São Paulo: Revista dos Tribunais, 1998. p. 469), quanto à condição jurídica do embrião em estágio pré-implantatório no direito argentino, assim preconiza: "A pessoa se protege desde sua concepção

Concordamos que há distinções entre o nascituro e o ser humano *in vitro*, no tocante às fases de desenvolvimento de um com relação ao outro, quanto ao fato de um estar se desenvolvendo no útero materno – da própria mãe que o concebeu ou da chamada mãe de substituição (a maternidade sub-rogada) –, aquela que cede o útero para o desenvolvimento de embrião de outrem[101]. Mas tal evento distintivo não impede a concepção do ser humano *in vitro* como pessoa natural. Pois defendemos que a vida humana surge da fecundação do óvulo – seja no interior do corpo materno ou num tubo de ensaio.

Portanto, defendemos que, como o embrião é pessoa, o mesmo está contemplado pelo texto do dispositivo em epígrafe, não havendo qualquer dúvida quanto a sua existência – pois se trata de pessoa concebida –, muito menos quanto a sua personalidade e capacidade de direito, sendo sujeito de direitos e titular de relações jurídicas.

Estabelecendo essas noções iniciais, acerca da condição jurídica da pessoa *in vitro*, faz-se necessário abordar os direitos inerentes a sua *persona*, aqueles que configuram a proteção à personalidade humana. Com este propósito invocamos a tutela civil-constitucional como justificativa para a proteção e efetivação dos seus direitos e interesses. Entretanto, tal perspectiva apenas é possível em face da hermenêutica do novo Código Civil, onde os princípios constitucionais e os direitos

---

'no seio materno' (arts. 63 e 70 CC). Contudo, segundo a Lei 23.849 que ratifica a Convenção das Nações Unidas sobre Direitos da Criança, assinala que se entende por criança, todo ser humano, desde o momento de sua concepção (art. 2°), o que implica uma reforma do texto do Código Civil, admitindo-se a via, desde a concepção, intra ou extra uterina. O Pacto de São José da Costa Rica estabelece que para os efeitos dessa Convenção 'pessoa é todo ser humano', e que toda pessoa tem direito a que se respeite sua vida a partir do momento da concepção".

101 Sobre o assunto se manifesta José Ascensão (Problemas jurídicos da procriação assistida. *Revista Forense,* Rio de Janeiro, v.1, p. 76-77, out./nov./dez. 1994): "O grande problema está em determinar como se concilia a intervenção de uma mãe biológica e uma mãe gestante.

A situação escapa evidentemente à previsão de leis atuais. Estas pressupuseram sempre a sobreposição incindível destas figuras. Mas perante a evidência da dissociação, qual das figuras prevalece?

Tende-se a considerar como mãe a portadora. Em benefício desta posição falará ainda a ligação orgânica que se estabelece entre a gestante e o feto, que a coloca numa posição muito diferente da mera doadora de gametas.

Supomos porém que deve ser a mãe biológica que prevalece.

Para o direito atual, a filiação, como vimos, tem sempre por base a derivação biológica. Não há possibilidade, sem texto legal, de estabelecer exceções.

Esta derivação tem conseqüências fortíssimas, como vimos, em impedimentos de casamento.

Mas, independentemente disso, a filiação significa sempre integração numa estirpe. Prevalece a família de sangue. Por isso, quando sobrevém uma gestação sem derivação biológica, é a gestação quem deve ceder. A chave genética é o elemento de imputação essencial.

É pois, impróprio falar hoje em duas mães. A mera portadora não pode ser mãe. E isto não por ter eventualmente celebrado um contrato em que renuncie a quaisquer direitos, pois esse contrato não tem nenhuma validade jurídica. É, sim, por a gestação não ser o critério decisivo da maternidade". Ver também Yone Frediani. Patrimônio Genético. *Revista de Direito Privado,* São Paulo, n. 2, v. 1, p. 138-139, abr./jun. 2000.

fundamentais se impõem às relações interprivadas, aos interesses particulares, de modo que prevaleça uma verdadeira constitucionalização do direito privado[102].

A observância do respectivo fenômeno ocorre, como nos ensina Orlando Gomes, pela condensação dos valores essenciais do direito privado que passou a ser cristalizada no direito público. Em decorrência da emigração para o direito constitucional de princípios outrora apenas civilistas. A propriedade, a família, o contrato ingressaram nas Constituições. E é nas Constituições que se encontram hoje definidas as proposições diretoras dos mais importantes institutos de direito privado[103].

Com este propósito abdicamos do "civilismo purista" e adotamos como indispensável a "publicização" do direito privado ou a "privatização" do direito público com o propósito de construir uma unidade hierarquicamente sistematizada do ordenamento jurídico. Esta unidade parte do pressuposto de que os valores propugnados pela Constituição estão presentes em todos os recantos do tecido normativo. A supremacia axiológica da Carta Magna passou a se constituir como centro de integração do sistema jurídico de direito privado[104].

Ressaltamos, ainda que a fertilização *in vitro* e seus efeitos jurídicos não tiveram previsão legal, no Código Civil de 2002. A nosso ver esta lacuna legal foi acertada, se imaginarmos que uma legislação esparsa é mais facilmente alterada, podendo acompanhar com mais facilidade os avanços científicos que o tema exige. Por outro lado a absoluta ausência de regulamentação – na forma de cláusulas gerais – incontestavelmente gera instabilidade nas relações jurídicas decorrentes do avanço da biotecnologia na área de reprodução humana[105]. Defendemos, portanto, uma mínima regulamentação no então diploma civilista, deixando – entretanto – as especificidades que a matéria exige para a legislação especial.

Todavia, enquanto não há ainda legislação especial sobre o assunto, invocamos a aplicabilidade dos princípios constitucionais à tutela civil dos interesses e direitos da pessoa humana embrionária.

O reconhecimento dos direitos da pessoa humana *in vitro* exige que tenhamos em mente qual a esfera desses direitos – se apenas os essenciais à preservação da vida e do nascimento, ou se podemos elencar direitos de outra esfera, como os patrimoniais.

Compreendemos que em consonância com o tema do presente estudo, ou seja, a consideração do embrião *in vitro* como pessoa humana, inadmissível seria a tutela

---

102 Cf. Caio Mário da Silva Pereira. *Instituições de direito civil*, cit, v. I, p. XV.

103 *Vide* Orlando Gomes. A agonia do Código Civil – conferência pronunciada no Encontro Nacional de Mestres de Direito Civil, realizado em homenagem ao professor Orlando Gomes: *Sans Adieu* – 50 anos de cátedra. Salvador: Ciências Jurídicas, (s.d). p. 76.

104 Cf lição de Maria Celina Bodin de Moraes. A caminho de um direito civil constitucional. In: *Revista de direito civil*, n. 65, p. 22-31,. São Paulo: Revista dos Tribunais, jul./set., 1993.

105 Posição distinta adota Miguel Reale (*Vide Estudos preliminares do Código Civil.* São Paulo: Revista dos Tribunais, 2003. p. 22), que defende que as questões de direito pertinentes a engenharia genética deverão ser tratadas por leis esparsas.

incompleta dos seus interesses e direitos. O que obriga a concepção de todos os direitos que sejam condizentes com a sua condição de pessoa não nascida.

Indicamos no presente trabalho a tutela dos chamados direitos pessoais que não possuem como regra a mensuração pecuniária, salvo na hipótese em que haja violações aos seus preceitos, mas que condizem com a preservação dos interesses da pessoa, seja em sua existência no seio da família à qual pertence, seja como parte integrante da sociedade que a rodeia.

Levamos em consideração a proteção do referido ser humano *in vitro*, partindo do pressuposto de que consideramos sua condição de filho concebido, sem fazer qualquer distinção entre os seus direitos e os dos filhos nascidos. Entretanto, entre a concepção dos direitos e a sua concretização, exige-se o nascimento com vida. Até que haja a sua observância – e na hipótese de ocorrer interesses conflitantes entre pais e filho concebido –, admitimos a possibilidade de nomeação de curador para representar a pessoa humana embrionária, levando em consideração apenas os interesses e direitos referentes a esta.

Em seguida passamos a abordar os direitos patrimoniais que decorrem do reconhecimento da personalidade civil do ser humano *in vitro*. Utilizamos como critério sua consideração como ente de determinada família, em outras palavras, as conseqüências oriundas do vínculo de parentesco – entre a pessoa concebida e a família à qual pertence.

Com este propósito abordamos os efeitos do contrato de doação – notadamente relação contratual comum às relações familiares – e a sucessão *causa mortis* que também decorre do fato de a pessoa embrionária pertencer a um determinado núcleo familiar.

Iniciaremos a abordagem do próximo capítulo com base nos direitos pessoais, pois entendemos que o ser humano – independentemente de ser nascido ou concebido – deve ser protegido por ser pessoa, em síntese pelo que é. Em seguida, reconhecida a proteção à pessoa, passamos a considerar o que constitui ou poderá vir a constituir o patrimônio do ser humano *in vitro*.

2. Os direitos da personalidade

Para abordamos o cerne dos direitos da personalidade[106] do embrião humano, resta-nos a necessidade de analisar, em regras gerais, os direitos da personalidade e sua abrangência no direito civil pátrio[107].

---

[106] Quanto à terminologia, se direitos da personalidade ou de personalidade, manifesta-se Gilberto Haddad Jabur (*Liberdade de pensamento e direito à vida privada:* conflitos entre direitos da personalidade, cit., p. 98, n.13): "Não seriam da própria personalidade (que não tem direitos), mas surgidos em virtude dela, seu natural e necessário antecedente. Por isso *de* não *da*. Não é caso de direitos atribuídos à personalidade. Não são dela, mas conseqüências de sua existência" .

[107] A relevância do princípio da dignidade humana para os direitos da personalidade diz respeito aos fundamentos constitutivos pelos quais se orienta o ordenamento jurídico brasileiro, na defesa dos direitos

Na concepção de Adriano de Cupis todos os direitos, na medida em que destinados a dar conteúdo à personalidade, poderiam chamar-se direitos da personalidade. "No entanto, na linguagem jurídica corrente esta designação é reservada àqueles direitos subjectivos cuja função, relativamente à personalidade, é especial, constituindo o '*minimum*' necessário e imprescindível ao seu conteúdo[108]."

Por outras palavras, existem certos direitos sem os quais a personalidade restaria uma susceptibilidade completamente irrealizada, privada de todo valor concreto: direitos sem os quais todos os outros direitos subjectivos perderiam todo o interesse para o indivíduo – o que equivale a dizer que, se eles não existissem, a pessoa não existiria como tal. São esses os chamados "direitos essenciais", com os quais se identificam precisamente os direitos da personalidade. Que a denominação direitos da personalidade seja reservada aos direitos essenciais, justifica-se plenamente em razão de eles constituírem a medula da personalidade[109].

Na mesma esteira é a acepção de Carlos Alberto Bittar, que se coloca como naturalista, ou seja, adepto da teoria que defende que os direitos da personalidade constituem direitos inatos, cabendo ao Estado apenas reconhecê-los e sancioná-los em um ou outro plano do direito positivo – em nível constitucional ou de legislação ordinária –, dotando-os de proteção própria conforme o tipo de relacionamento a que se volte, a saber: contra o arbítrio do poder público ou as incursões de particulares[110].

A esse respeito nos manifestamos de forma positiva, por preferirmos abordar a temática dos direitos da personalidade sob a ótica do direito civil, vez que isso nos interessa para avaliarmos as relações intersubjetivas e suas conseqüências jurídicas.

A doutrina de Caio Mário da Silva Pereira ressalta que a "personalidade" não constitui "um direito", de sorte que seria erro dizer que o homem tem direito à personalidade. Dela, porém, irradiam-se direitos, sendo certa a afirmativa de que a personalidade é o ponto de apoio de todos os direitos e obrigações. Prosseguindo o mencionado autor na análise do tema, a par desses direitos, que se traduzem em uma expressão pecuniária, o homem é ainda sujeito de relações jurídicas que, despidas embora de expressão econômica intrínseca, representam para o seu titular um alto valor, por se prenderem a situações específicas do indivíduo e somente dele[111].

Segundo Limongi França, "há três campos básicos dentro dos quais incidem as relações jurídicas: a) a própria pessoa; b) a pessoa ampliada na família; c) o mundo exterior.

---

da personalidade (Cf. lição de Carlos Roberto Gonçalves. *Direito civil brasileiro,* cit., v. I, p. 159).

108 Adriano de Cupis. *Os direitos da personalidade.* Tradução de Adriano Vera Jardim e Antonio Miguel Caeiro. Lisboa: Morais, 1961. p. 17.

109 Adriano de Cupis. *Os direitos da personalidade,* cit., p. 17-18.

110 Carlos Alberto Bittar. *Os direitos da personalidade.*cit., p. 7.

111 Caio Mário da Silva Pereira. *Instituições de direito civil,* cit., v. I, p. 241-242.

Ao mundo exterior correspondem os direitos patrimoniais. À pessoa ampliada na família, os direitos de família. À própria pessoa, os direitos da personalidade"[112].

Pela própria natureza desses direitos fica impossível estagná-los numa classificação imutável. Acreditamos que a doutrina pátria diverge quanto a esta classificação, mas que em regra acaba por adotar a classificação idealizada por Limongi França, que defendemos pelas qualidades dos critérios adotados.

Em linhas gerais os direitos da personalidade são divididos, conforme os critérios enumerados por Limongi França, em: I) direito à integridade física: 1) direito à vida e aos alimentos; 2) direito sobre o próprio corpo, vivo; 3) direito sobre o próprio corpo, morto; 4) direito sobre o corpo alheio, vivo; 5) direito sobre o corpo alheio, morto; 6) direito sobre partes separadas do corpo, vivo; 7) direito sobre partes separadas do corpo, morto. II) direito à integridade intelectual: 1) direito à liberdade de pensamento; 2) direito pessoal de autor científico; 3) direito pessoal de autor artístico; 4) direito pessoal de inventor. III) direito à integridade moral: 1) direito à liberdade civil, política, religiosa; 2) direito à honra; 3) direito à honorificência; 4) direito ao recato; 5) direito ao segredo pessoal, doméstico e profissional; 6) direito à imagem; 7) direito à identidade pessoal, familiar e social[113].

Com a certeza de que a classificação acima descreve um quadro mutável e em movimento interrupto, buscamos apenas, quanto à classificação, as suas linhas gerais. Destinamos o prosseguimento do presente ponto para a temática da violação e respectiva tutela dos direitos da personalidade.

---

112 R. Limongi França. *Instituições de direito civil,* 4.ed., São Paulo: Saraiva, 1996, p. 1033.

113 R. Limongi França. *Instituições de direito civil,* cit., p. 1037-1038. Para Carlos Alberto Bittar (*Sistema do direito civil brasileiro.* 4. ed. Rio de Janeiro: Conquista, 1961. v. 2, p. 33), os direitos da personalidade são classificados em a) direitos físicos que agrupam os seguintes direitos: à vida; à integridade física (higidez corpórea); ao corpo; as partes do corpo (próprio e alheio); ao cadáver e às partes; à imagem (efíge) e à voz (emanação natural); b) direitos psíquicos, onde foram inseridos os direitos: à liberdade (de pensamento, de expressão, de culto e outros); à intimidade (estar só, privacidade ou reserva); à integridade psíquica (incolumidade da mente); ao segredo (ou sigilo, inclusive profissional); c) direitos morais dentre os quais foram colocados os direitos: à identidade; à honra (reputação ou consideração social), compreendendo a externa, ou objetiva: boa fama, ou prestígio; e a interna, ou subjetiva: sentimento individual do próprio valor social; ao respeito (conceito pessoal, compreendendo a dignidade: sentimento das próprias qualidades morais; e o decoro: a conceituação da própria respeitabilidade social); às criações intelectuais (produtos do intelecto, sob o aspecto pessoal do vínculo entre o autor e a obra, incluída a correspondência) (*Vide* Carlos Alberto Bittar. *Os direitos da personalidade,* cit., p. 62-64). Quanto à classificação dos direitos personalíssimos, Eduardo Espínola enumera-os da seguinte forma: 1) corpo e vida; 2) liberdade; 3) honra (referente à família, profissão, sexo e condição); 4) condições especiais referentes ao indivíduo em questão, como possuir um título nobiliárquico, uma profissão renomada, pertencer a uma determinada religião, pertencer a um grupo social, etc.; 5) manifestação de atividade própria: de onde direito a proteção contra a concorrência desleal, direito de monopólio em suas várias figuras, isto é, direito exclusivo a uma certa indústria ou comércio, direito exclusivo de apropriação de *res nullius;* 6) nomes (civil e comercial) e sinais (marcas e selos); 7) produção da inteligência, isto é, direitos de autor e inventor.

A violação aos direitos da personalidade gera – quase sempre – dano moral indenizável, haja vista que não existe, regra geral, como recompor, após violação impetrada, o direito violado ao seu *status quo*.

Para a proteção dos direitos da personalidade é possível a admissão da chamada autotutela ou tutela privada, ou ainda, como prefere Elimar Szaniawiski[114], tutela preventiva, como nos casos de legítima defesa (art. 188, I), exercício regular de um direito (art. 188, I) e o estado de necessidade (art. 188, II). Na legítima defesa o titular do direito sofre ofensa ao seu direito e adota medida defensiva imediata, com o propósito de repelir a agressão sofrida. Para tanto é necessário que a ofensa tenha se dado mediante agressão injusta, atual ou iminente. Para defender o seu direito o sujeito poderá usar de violação, desde que a mesma seja estritamente necessária para coibir o dano ou ameaça de dano[115]. No exercício regular de direito reconhecido o titular age conforme admite o exercício de seu próprio direito[116]; no estado de necessidade há uma anormalidade fática que justifica a prática do ato em questão. Em outras palavras, como define Maria Helena Diniz, "consiste na ofensa de direito alheio (deterioração ou destruição de coisa pertencente a outrem ou lesão a uma pessoa) para remover perigo iminente, quando as circunstâncias o tornarem absolutamente necessário e quando não exceder os limites do indispensável para a remoção do perigo".

Nos casos em que já foi praticada a violação contra o direito do ofendido a tutela do direito da personalidade será realizada por intermédio da indenização por dano moral[117]. "Quando, segundo profetiza Elimar Szaniawiski, a personalidade humana for violada, o mecanismo jurídico e legal para a recomposição do equilíbrio individual e social dar-se-á através da responsabilidade civil, que reparará as lesões extrapatrimoniais e patrimoniais sofridas"[118].

Baseado na sua concepção, é possível admitirmos que o embrião humano em situação de laboratório é titular de direitos personalíssimos? Em caso afirmativo, se admitirmos a existência desses direitos referente ao ser humano *in vitro*, qual seria a sua aplicabilidade?

Uma vez que reconhecemos a teoria concepcionista como aquela que melhor define a conceituação de pessoa, compreendemos que o ser humano *in vitro* encontra-se numa fase embrionária, mas que isso não descaracteriza a sua condição de

---

114 Elimar Szaniawiski. *Direitos de personalidade e sua tutela,* cit., p. 247.

115 Sobre o tema ver também Silvio Romero Beltrão. *Direitos da personalidade: de acordo com o Novo Código Civil.* São Paulo: Atlas, 2005. p.58-59.

116 Discorrendo sobre a matéria, diz Maria Helena Diniz (*Curso de direito civil brasileiro,* cit., v. 1, p. 553): que quem usa de um direito seu não causa dano a ninguém. Apenas ocorrendo ilicitude se houver abusividade ou exercício irregular.

117 Indenizar tem o sentido de amenizar os danos causados, mas não tem o condão de ressarcir, que significa recompor o direito ao estado anterior à ocorrência do dano. No mesmo sentido ver Rui Stoco. *Tratado de responsabilidade civil:* doutrina e jurisprudência. 7. ed. São Paulo: Revista dos Tribunais, 2007. p. 1625-1627.

118 Elimar Szaniawiski. *Direitos de personalidade e sua tutela,* cit., p. 251.

pessoa[119]. Defendemos que desde a fertilização do óvulo devemos atribuir direitos à personalidade, pois essa pessoa *in vitro* é possuidora de personalidade e de todos os atributos correspondentes à mesma. Esta parece ser a mesma opinião da eminente civilista Maria Helena Diniz, que assim se manifesta sobre as características dos direitos da personalidade: "(...) por serem inatos, adquiridos no instante da concepção, não podem ser retirados da pessoa enquanto ela viver por dizerem respeito à qualidade humana"[120].

É possível verificarmos violações aos direitos da personalidade do ser humano *in vitro*, seja pela alteração do ambiente em que este se encontra criopreservado[121], seja por manipulações em temperatura, experiências científicas, o descarte e a redução embrionária – nos casos em que vários embriões são implantados e por meio de técnicas abortivas são retirados "os menos viáveis" para possibilitar uma gravidez sem riscos de morte fetal ou de múltiplos com chance de parto prematuro – sendo, portanto, facilmente detectados os danos ao direito a integridade física, violando a vida dessas pessoas e causando-lhes a morte[122]. Ainda vislumbramos a casuística em que a manipulação excessiva causa danos ao embrião, como perda ou atrofia de membros causando ofensas à sua integridade física. A violação à integridade física pode ainda ser causadora de traumas e danos psíquicos, o que,

---

119 Na mesma acepção é a doutrina de Paulo Vinicius Sporleder de Souza(*A criminalidade genética*. São Paulo: Revista dos Tribunais, 2001. p. 61-62), já que o mesmo afirma que o feto é o embrião mais desenvolvido.

120 Maria Helena Diniz. *Curso de direito civil brasileiro,* cit., v. 1, p. 120.

121 Segundo a Lei de Biossegurança n. 8.974/95 (revogada pela Lei n. 11.105/05, que autoriza a pesquisa em células-tronco e experiência com embriões), em seu art. 13 eram consideradas crimes as seguintes práticas:
(...)
II – a intervenção em material genético humano *in vivo*, exceto para o tratamento de defeitos genéticos, respeitando-se princípios éticos tais como o princípio da autonomia e o princípio da beneficência, e com a aprovação prévia CTNBio.
Pena – detenção de três meses a um ano;
§ 1° Se resultar em:
a) incapacidade para as ocupações habituais por mais de trinta dias;
b) perigo de vida;
c) debilidade permanente de membro, sentido ou função;
d) aceleração de parto.
Pena – reclusão de um a cinco anos.
§ 2° Se resultar em:
a) incapacidade permanente para o trabalho;
b) enfermidade incurável;
c) perda ou inutilização de membro, sentido ou função;
d) deformidade permanente;
e) aborto
Pena – reclusão de dois a oito anos.
§ 3° Se resultar em morte:
Pena – reclusão de seis a vinte anos.

122 Sobre o tema ver Silamara J. de Abreu Chinelato e Almeida. *Tutela civil do nascituro,* cit., p. 291-321.

a nosso ver, geraria a violação à chamada integridade psíquica, também configurando dano moral.

Identificamos como direito fundamental do ser humano *in vitro* o direito a uma identidade familiar, reservando o direito ao mesmo de quando por ocasião do seu nascimento ser denominado com o patronímico familiar que identifica o núcleo ao qual pertence[123]. Ressaltamos que esse direito à identidade familiar pode também ser reconhecido como o direito à filiação, assegurada constitucionalmente, sem que seja realizada qualquer distinção entre as formas de concepção da prole[124].

Conseguimos, ainda, vislumbrar a hipótese de dano ao embrião humano, quando, por exemplo, este sofre a perda de um ente querido, como o pai ou a mãe no caso de acidentes de trabalho, quedas de avião, acidentes de carro, assassinatos etc.[125] e admitimos que, em decorrência de tais danos, por sofrer essa lacuna após o seu nascimento, o indivíduo sofre violação a direitos da personalidade[126]. Como não é possível – nesses casos – uma tutela preventiva, defendemos o exercício da tutela reparadora dos direitos da personalidade violados com o ajuizamento de ação indenizatória para amenizar os efeitos dos danos causados[127].

a) Direito à integridade física e mental

Conforme lição de Carlos Alberto Bittar[128], de grande expressão para a pessoa é também o direito à integridade física, pelo qual se protege a incolumidade do corpo e da mente. Consiste em manter-se a higidez física e a lucidez mental do ser, opondo-se a qualquer atentado que venha a atingi-las, como direito oponível a todos.

Segundo o mencionado autor, a integridade física acompanha o ente humano desde a concepção à morte ultrapassando as barreiras fisiológicas e ambientais

---

123 Vide Carlos Alberto Bittar. *Os direitos da personalidade,* cit., p. 120-124.

124 Como prevê a Constituição Federal, art. 227, § 7°.

125 Nos casos de morte da mãe biológica a gestação será levada a termo por meio de sub-rogação. Em outras palavras, uma mulher por meio de cessão terá o embrião implantado em seu útero, permitindo, desta maneira, o término do seu desenvolvimento. Com relação ao tema, ver Silvia da Cunha Fernandes. ***As técnicas de reprodução humana assistida e a necessidade de sua regulamentação jurídica*.** Rio de Janeiro: Renovar, 2005. p. 37; Eduardo Oliveira Leite. *Procriações artificiais e o direito:* Aspectos médicos, religiosos, psicológicos, éticos e jurídicos. São Paulo: Revista dos Tribunais, 1995. p. 67; Heloísa Helena Barboza. Reprodução Assistida e o Novo Código Civil. In: *Bioética, biodireito e o Código Civil de 2002,* cit., p. 227.

126 Em relação ao nascituro já se verifica jurisprudência favorável na hipótese de indenização. STJ - 4ª Turma – Resp. 399.028 – Rel. Sálvio de Figueiredo Teixeira – J. 26.02.2002- RSTJ 161/395: "O nascituro também direito aos danos morais pela morte do pai, mas a circunstância de não te-lo conhecido em vida tem influência na fixação do *quantum*".

127 Ver Euclides Benedito de Oliveira. Indenização por danos morais ao nascituro. In: Maria Helena Diniz e Roberto Senise Lisboa (coords.). *O direito civil no século XXI,* cit., p. 145-166.

128 Carlos Alberto Bittar. *Os direitos da personalidade.* 2. ed. Rio de Janeiro: Forense Universitária, 1995. p. 70-71.

para alcançar tanto o nascituro, como o corpo sem vida, é disponível, sob certos condicionamentos, ditados pelos interesses gerais.

A preservação da higidez física e intelectual, possibilita que a pessoa alcance suas metas particulares.

A incolumidade física e intelectual são bens jurídicos preservados como direitos naturais adquiridos pela pessoa, profligando-se qualquer dano ao seu corpo ou à sua mente, rejeitando-se, social e individualmente, lesões causadas à normalidade funcional do corpo humano, sob os prismas anatômico fisiológico e mental.

Devemos também considerar a proteção à integridade mental, como o direito à preservação aos elementos integrantes do psiquismo humano (aspecto interior da pessoa). Sendo parte indispensável à defesa integral da personalidade humana[129].

Em consonância com os ensinamentos apontados acima, aplicamos a dita proteção ao ser humano *in vitro*, já que práticas como a manipulação genética[130], a redução embrionária, congelamento inadequado, a clonagem, ou o mero descarte de embriões viola a integridade física – caracterizando danos irreparáveis ou implicando na própria morte da pessoa humana *in vitro*.

E, não podemos duvidar que a mencionada manipulação genética poderá afetar o sistema neural do ser humano *in vitro*, vindo a comprometer a própria consciência, o discernimento, violando o chamado desenvolvimento mental do indivíduo. Técnicas de reprodução como as utilizadas para a fusão de dois óvulos – denominada célula *cumulus* – onde um só deles fica momentaneamente com 44 pares de cromossomos, causam efeitos genéticos ainda desconhecidos pela sociedade, mas devemos reconhecer que tal procedimento poderá deixar seqüelas referentes à integridade mental ou física da pessoa humana. Somente no futuro – com o nascimento da pessoa concebida a partir da presente técnica - é que poderemos verificar todos os efeitos decorrentes da respectiva violação.

Com relação à clonagem humana, por ser essa um procedimento que envolve experimentação em pessoa humana concebida, acreditamos que possa vir a comprometer a integridade física e psíquica do embrião, uma vez que consiste, em linhas gerais, em dois métodos distintos, o primeiro se dá com a partição do zigoto ou das primeiras células decorrentes de sua clivagem (células totipotentes), também chamada de "cisão gemelar" (*embryo-splitting*); o segundo é a reprogramação de células somáticas de indivíduos adultos (células especializadas), também chamada "transferência de núcleo" (*nucleo-transfer*). Na cisão gemelar, tanto os genes nucleares quanto os mitocondriais são idênticos nos descendentes e no organismo-mãe;

---

[129] Carlos Alberto Bittar. *Os direitos da personalidade,* cit., p. 111.

[130] Posicionamento diverso adota Norman Daniels (Intervenciones genéticas positivas y negativas:¿hay un límite moral? In: Eduardo Rivera e Florência Luna (orgs.). *Los desafíos éticos de la genética humana.* México: Fondo de cultura económica, 2004. p. 93-114.

na transferência de núcleo apenas os genes nucleares dos descendentes são idênticos aos do organismo-mãe, havendo diferença quanto aos genes mitocondriais[131].

Ainda sobre clonagem humana, como nos ensina Elisete Antoniuk, "os médicos de transplantação e os biotécnicos querem finalmente dominar a evidente capacidade da natureza de se auto-regenerar e rejuvenescer. Na clonagem isso seria possível, em tese, pelo uso da célula-tronco, que é a única com capacidade para se desenvolver nos 270 tipos de célula do corpo humano". Isso representaria – ressaltamos que os resultados ainda são incertos, pois se trata de método experimental – a cura para o mal de Alzheimer, células cardíacas para vítimas de infarto e insulina para diabéticos[132].

Contudo, apesar da expectativa de curas milagrosas, não podemos deixar de expressar a nossa resistência ao respectivo procedimento, pois, em tese, as mesmas são oriundas de embriões humanos. Recentemente, a legislação brasileira foi alterada no que tange à proibição de pesquisas com células-tronco[133]. Sendo assim, passou-se a permitir a chamada pesquisa para clonagem terapêutica, assim como a clonagem para fins reprodutivos, tanto com células adultas como com células embrionárias[134].

A nossa resistência está fincada na possibilidade da concepção de embriões humanos, apenas para fins de clonagem, o que impediria – certamente – o tratamento dos mesmos como pessoa humana, uma vez que seriam tidos como objetos de experiência. Aqui frontalmente a biotecnologia vai de encontro aos princípios jurídicos de preservação da vida e do respeito à dignidade da pessoa humana, pois pessoas humanas não devem ser criadas para servir de experimentos científicos.

A questão da clonagem humana apresenta problemática diversificada, pois discute a hipótese de salvar vidas em troca de outras; mas qual seria a vida que o direito deveria tutelar, a do ser humano embrionário ou a do ser humano nascido?

---

131 Cf. Reinaldo Pereira e Silva. *Introdução ao biodireito: investigações político-jurídicas sobre o estatuto da concepção humana*, cit., p.73-74. Ver também Luis Miguel Pastor. *Bioética de la manipulación embrionaria humana.* Madrid: Cuadernos de bioética, v.VIII. n.31, p. 1091-1096, jul./sep. 1997; Enrique Iaàñez. *Genética, política y sociedad: ¿Vuelve la eugenesia?* Instituto de Biotecnologia – Facultad de Ciencias – Universidad de Granada. Disponível em: http://www.ugr.es/~eianez/biotecnologia/cemed/etica.html . Acesso em: 26.08.07. Eliane Elisa de Souza e Azevedo. O projeto genoma humano e medicina predetiva: avanços técnicos e dilemas éticos. In: *Iniciação à bioética.* Sérgio Ibiapina Ferreira Costa (org.). Brasília: Conselho Federal de Medicina, 1998.

132 Elisete Antoniuk. Clonagem humana: qual pessoa deve ser a medida da vida? Um estudo com base em artigos de periódicos e revistas alemãs. In: *Atualidades jurídicas*, n. 4. Maria Helena Diniz (coord.). São Paulo: Saraiva, 2003. p. 137.

133 Posição diversa foi adotada pelo Comitê Nacional de Ética francês, que vedou a possibilidade de clonagem humana naquele país. No mesmo sentido – de coibir clonagens humanas – é o posicionamento do Parlamento Europeu, em moção fechada de 11 de março de 1997. Todavia há uma tendência em relativizar a proibição das clonagens, no tocante às de natureza terapêutica.

134 Cf. Lei 11.105 de 24.03.2005, art. 3°, VIII, IX e X .

Pode-se alertar para o uso de embriões inviáveis, mas, mesmo assim, já evidenciamos a impossibilidade de a vida humana ser condicionada à soma de pressupostos – como se fosse uma equação matemática.

Em virtude da clonagem é possível a concepção de novos seres – não apenas a destruição de seres concebidos – mas com isso não estaríamos inviabilizando a diversidade genética? Pois os seres concebidos por meio da clonagem não seriam reproduções dos seus organismos-mãe?[135]

Compreendemos que inviabilizar a clonagem simplesmente não deve ser a solução mais acertada, no entanto, que a mesma seja realizada com relação à célula de pessoa adulta – com discernimento e condições de maturidade suficientes –, para expressar o seu consentimento com o respectivo procedimento, o que não ocorre com o ser humano *in vitro* que não pode expressar a sua vontade, muito menos defender os seus direitos e prerrogativas. Em nosso entendimento a utilização de embriões humanos – para fins de clonagem – colide com os princípios do respeito à vida, a dignidade humana e, principalmente, com o princípio do "melhor interesse da criança"[136].

Com o intuito de abordarmos os riscos à integridade física e psíquica do ser humano *in vitro* teceremos algumas considerações sobre o procedimento denominado microsort, que é uma técnica de micromanipulação com intenção de proceder com a escolha do sexo do embrião humano concebido artificialmente. Consiste em colorir espermatozóides para identificar os que possuem cromossomos X e Y e, dessa maneira, permitir a escolha do sexo da pessoa concebida. Tal procedimento tem o intuito de permitir ao casal encomendante não transmitir à sua prole doenças hereditárias. Mas percebemos que pode também ser usado com o propósito de simplesmente – por capricho injustificado dos genitores – escolher o sexo do filho, o que em nosso entendimento seria uma prática ligada à eugenia genética[137].

Desta feita, poderemos, no futuro próximo, ter um descompasso com relação à população mundial, pois a escolha livre do sexo do filho permitirá, em tese, uma predominância de nascimentos de um determinado sexo sobre o outro.

Outro aspecto que devemos abordar com o objetivo de evidenciar os riscos a que a pessoa humana concebida está submetida é o da mãe de gestação – aquela que não tem identidade genética com o ser humano *in vitro* –, mas que o receberá em seu útero.

---

135 Posição diversa é adotada por John Harris. Clones, genes y derechos humanos. In: Eduardo Rivera e Florência Luna (orgs.), *Los desafíos éticos de la genética humana*, cit., p. 238.

136 No mesmo sentido ver Axel Kahn (*Nature*, v. 388, 24 de julho, 1997 b, 119), um destacado biólogo molecular, que defende que a criação de clones humanos exclusivamente para material celular estaria em franca contradição com os ensinamentos kantianos, notadamente com relação ao princípio da dignidade humana. Pois este princípio ordena que um indivíduo – sem qualquer distinção do estágio de vida em que ele se encontra – nunca deve ser considerado como um meio, muito menos como um fim.

137 Sobre o tema ver Peter Singer. De compras en el supermercado genético. In: Eduardo Rivera López e Florência Luna. *Los desafíos de la genética humana*, cit., p. 131-146.

Deixaremos clara, aqui, a responsabilidade civil da mãe substituta, no desenvolvimento sadio do embrião implantado, a necessidade de preservá-lo de riscos quanto às doenças, uso de bebidas alcoólicas ou substâncias alucinógenas, e também em relação a práticas esportivas arriscadas, ou qualquer outra atividade que possa ser considerada arriscada, por poder causar a interrupção da gravidez.

Essa responsabilidade deve ser enfatizada, pois, a mãe gestacional não tem ligação de parentesco com o embrião implantado. Em face disso – como já vem sendo incentivado na Europa e nos Estados Unidos –, defendemos a possibilidade de mãe gestacional, apenas nos casos em que a mãe biológica esteja impossibilitada de gerar o seu próprio bebê, seja por motivo de saúde ou na hipótese de falecimento da mesma. Assim mesmo, ressaltamos que é necessário que a substituta seja parente dos pais biológicos, para que no futuro não haja litígio quanto à filiação da criança gerada por substituição.

Defendemos, portanto, a proteção da integridade física e mental voltada à pessoa humana, em todos os seus estágios de desenvolvimento, o que importará na interpretação do respectivo direito à luz do ser humano *in vitro*. Para isso, basta que tenhamos em mente que o dano à estrutura da vida embrionária é dano à própria existência, pois a pessoa concebida é a pessoa humana tão-somente no início do seu desenvolvimento, necessitando – indispensavelmente da proteção legal, para que ao ser implantada tenha condições de nascer em sua plenitude.

b) Direito a alimentos

O direito a alimentos é um direito inato tendente a assegurar a subsistência e integridade física do ser humano; tem por objetivo, portanto, a preservação da vida humana[138].

Guilherme Calmon Nogueira da Gama, nos ensina que o dever de sustento dos pais em relação ao filho menor (e maior inválido) decorre da própria incapacidade física e psíquica dos sujeitos ativos, diante de circunstâncias naturais, quais sejam a menoridade ou a invalidez física ou psíquica. Esse sustento abrange a obrigação de prover a subsistência material dos filhos, com o fornecimento de alimentação, vestuário, habitação, medicamentos, enfim, o necessário à sobrevivência e manutenção do credor da prestação[139]. Tal dever tem como fundamento a garantia

---

138 Cf. lição de Yussef Said Cahali. *Dos alimentos*. 3. ed., São Paulo: Revista dos Tribunais, 1999, p. 54-55.

139 HC 73117 / GO; HABEAS CORPUS N °°2006/0280531-1 - Relator: Ministro HÉLIO QUAGLIA BARBOSA (1127) – Órgão julgador: T4 - QUARTA TURMA – Data do julgamento: 26/06/2007 - Ementa: HABEAS CORPUS PREVENTIVO. AÇÃO DE INVESTIGAÇÃO DE PATERNIDADECUMULADA COM EXECUÇÃO DE ALIMENTOS PROVISÓRIOS. PRISÃO CIVIL DECRETADA. ALEGAÇÃO DE INCAPACIDADE FINANCEIRA DO PACIENTE E NECESSIDADE DE REDUÇÃO DO VALOR DA OBRIGAÇÃO ALIMENTAR. QUESTÕES INVIÁVEIS NA VIA ESTREITA DO HC. DEPÓSITOS PARCIAIS DO VALOR DEVIDO. OBRIGATORIEDADE DO PAGAMENTO INTEGRAL. AUSÊNCIA DE ILEGALIDADE NA DECISÃO PROFERIDA PELO TRIBUNAL DE ORIGEM. ORDEM DENEGADA.
RHC 20323 / SP ; RECURSO ORDINARIO EM HABEAS CORPUS n°2006/0225612-8 – Re-

do direito à vida do próprio filho, pois naturalmente os recém-nascidos são completamente dependentes de seus pais, necessitando do sustento por parte de seus genitores para que possam se desenvolver física, intelectual e existencialmente, a ponto de adquirir independência e autonomia, até que se tornem auto-suficientes para sobreviver[140].

Invocar, portanto, o direito aos alimentos como parte integrante da rede de proteção à pessoa humana é garantir a sua sobrevivência e desenvolvimento[141]. Sobre o enfoque de proteção constitucional à pessoa humana *in vitro* devemos considerá-lo como sendo exercido nas seguintes hipóteses: a primeira na possibilidade de recebimento dos alimentos pela geriatriz – que receberá em seu útero o ser humano *in vitro*, permitindo a continuidade do seu desenvolvimento até que ocorra o nascimento (esse aspecto da obrigação alimentar iremos ressaltá-lo ainda no tocante aos direitos civis do ser humano *in vitro*)[142]; e a segunda, com relação à manutenção da pessoa humana *in vitro* em laboratório até que seja feita a sua implantação.

Apesar da aparente controvérsia – acerca da natureza alimentar – dos valores pecuniários devidos à clínica de reprodução assistida para a manutenção da pessoa humana *in vitro*, por meio de técnicas de criopreservação; acreditamos que o

---

lator: Ministro Carlos Alberto Menezes Direito (1108) – Órgão Julgador: T3 - TERCEIRA TURMA – Data do Julgamento: 26/06/2007 – Ementa: Recurso de habeas corpus. **Alimentos.** Provas. Capacidade financeira.

1. O habeas corpus não constitui via adequada para o exame aprofundado de provas, aqui necessário para avaliar a capacidade financeira do devedor dos **alimentos** e a necessidade da credora.
2. Acordos celebrados em outros processos, relativos a **alimentos** devidos em períodos diversos dos cobrados nestes autos, não afastam a prisão civil ora combatida.
3. Igualmente, as penhoras noticiadas dizem respeito a outros processos, não à execução objeto destes autos, proposta com base no art. 733 do Código de Processo Civil.
4. Recurso ordinário desprovido.

EMENTA: FAMÍLIA. AÇÃO DE COBRANÇA DE ALIMENTOS. ACORDO JUDICIAL ESTABELECENDO ALIMENTOS EM PROL DA DEMANDANTE. PRETENSÃO DE COBRANÇA DE VALORES DEVIDOS DESDE O NASCIMENTO DESTA. DESCABIMENTO, NO CASO CONCRETO. Estabelecidos alimentos definitivos em audiência, estes são devidos a partir da citação, descabendo a cobrança de verba alimentar desde o nascimento da menor, quando não constituída judicialmente a obrigação. Além disso, a ação de alimentos foi ajuizada quatorze anos após o nascimento da alimentária, tendo esta permanecido inerte durante todos esses anos, mesmo quando ciente de que o direito à percepção da verba alimentícia sempre lhe assistiu, já que o **reconhecimento da paternidade** se deu voluntariamente. Recurso desprovido (Apelação Cível Nº 70020097929, Sétima Câmara Cível, Tribunal de Justiça do RS, Relator: Ricardo Raupp Ruschel, Julgado em 20/08/2007).

[140] Cf. Guilherme Calmon Nogueira da Gama. *A nova filiação: o biodireito e as relações parentais: o estabelecimento da parentalidade-filiação e os efeitos jurídicos da reprodução assistida heteróloga.* Rio de Janeiro: Renovar, 2003. p. 617.

[141] Optamos por considerar o direito à vida em sua condição de princípio constitucional positivado, em face da hierarquia das normas constitucionais. Entretanto, evidenciamos que o mesmo também possui respaldo junto aos denominados direitos da personalidade.

[142] Com relação à admissão de alimentos ao nascituro, ver: Silmara J. A. Chinelato e Almeida. Direito do nascituro a alimentos: do direito romano ao direito civil. *Revista da Procuradoria-Geral do Estado de São Paulo.* n. 34, p. 169-185, dez. 1990.

pagamento de tal verba deva ser considerado o exercício aos alimentos, pois, sem o cumprimento dessa obrigação, a sobrevivência do ser humano *in vitro* estaria inviabilizada. Se a obrigação alimentar é constituída com o propósito de assegurar a subsistência do alimentado, nos casos em que o mesmo dispensa a aquisição de gêneros alimentícios, são os cuidados com a sua saúde, a preservação da sua integridade física e psíquica que constituirão – para a pessoa humana *in vitro* – a verdadeira prestação alimentar.

O embrião deve ser fundamento para a concessão de alimentos. Caso a mãe, que irá ser submetida à implantação do embrião, esteja em situação de penúria, como poderá gerar uma nova pessoa, se se encontra em déficit alimentar, ou seja, sem condições de levar a termo a gravidez? De forma lógica, parece-nos o mais acertado a concessão de alimentos à mãe biológica ou à mãe substituta, para que essa dê abrigo ao ser humano *in vitro* e permita maneira que esse venha a nascer com vida, exercendo, posteriormente, todos os direitos inerentes à sua condição de pessoa humana.

Resta a consideração de que a obrigação alimentar ocorre, em regra, em virtude da relação de parentesco, dos vínculos de filiação biológica – nos casos do embrião humano *in vitro*. Mas que nada obsta – em face inclusive da relevância para o direito civil moderno – que a obrigação surja em decorrência de vinculação socioafetiva[143].

Devemos nos ater – ainda – à análise sobre a responsabilidade do cumprimento do direito a alimentos, quem será o agente responsável – aqueles que possuem vinculação genética com o 'alimentado' ou os que serão beneficiados com a sua implantação?

Com o objetivo de respondermos a presente indagação, devemos nos fixar na espécie de inseminação artificial realizada, pois nos casos em que a mesma é homóloga, não resta a menor dúvida de que são os pais biológicos os responsáveis pela obrigação alimentar, salvo a hipótese que tenham abdicado do poder familiar pela "adoção embrionária"[144]. Na inseminação artificial heteróloga, o certo é a admissão do cumprimento da mencionada obrigação alimentar pelos pais encomendantes, pois, independentemente, de vinculação genética – nesses casos – haverá a preponderância do vínculo jurídico.

Como última consideração acerca da obrigação alimentar o fato é que a mesma poderá decorrer de ato ilícito, como, por exemplo, no caso da pessoa humana

---

143 *Vide* sobre o tema: João Baptista Villela. Procriação, Paternidade & Alimentos. In: Francisco José Cahali e Rodrigo da Cunha Pereira (coord.). *Alimentos no Código Civil.* São Paulo: Saraiva, 2005. p. 131-146; Yussef Said Cahali. *Dos Alimentos.* Cit., p. 54-173.
Na lição de Edgard de Moura Bittencourt a obrigação alimentar está fincada nas relações de parentesco; ou ainda do casamento; sendo admitida também como fonte a tutela, havendo ainda a obrigação de cunho alimentar oriunda da responsabilidade civil por homicídio e decorrida de legado de alimentos.

144 Com relação ao poder familiar, vide: João Roberto Elias. *Pátrio poder: guarda dos filhos e direito de visita.* São Paulo: Saraiva, 1999.

em situação de laboratório, os oriundos de violação aos direitos da personalidade, como a perda de um ente querido, ou a manipulação genética que gerou perda de membro ou capacidade visual. É razoável destacarmos o caráter distinto dessa espécie de alimentos, porque o mais corriqueiro é nos depararmos com os alimentos fundados na relação de parentesco. Contudo, com a prática de ato ilícito, surge a prestação alimentar como instrumento de uma satisfação reparadora que poderá ser realizada em face da pessoa humana embrionária[145].

c) Direito ao respeito da imagem

O direito à imagem ocupa lugar de destaque, na proteção aos direitos da pessoa humana, em decorrência da cada vez mais exacerbada exposição à mídia. Na atualidade pelos avanços tecnológicos, o uso da mídia eletrônica, a televisão e a rede mundial de computadores, o alcance das informações e a rapidez da sua multiplicação exigem uma efetiva proteção à reprodução da imagem da pessoa humana.

Com o fulcro, na doutrina de Carlos Alberto Bittar[146], "consiste no direito que a pessoa tem sobre sua forma plástica e respectivos componentes distintos (rosto, olhos, perfil, busto) que a individualizam no seio da coletividade. Incide, pois, sobre a conformação física da pessoa, compreendendo esse direito um conjunto de caracteres que a identifica no meio social". Por outras palavras, é o vínculo que une a pessoa à sua expressão externa, tomada no conjunto, ou em partes significativas (como a boca, os olhos, as pernas, enquanto individualizadoras da pessoa).

Destaca-se, o direito de imagem, pelo seu aspecto da disponibilidade, que, com respeito a esse direito, assume dimensões de relevo, em função da prática consagrada de uso de imagem humana em publicidade, para efeito de divulgação de entidades, de produtos ou de serviços postos à disposição do público consumidor. Daí tem sido comum o ingresso de pessoas notórias – em especial artistas ou desportistas – no meio publicitário na condição de divulgadores de produtos ou serviços[147].

Na atualidade a exposição à mídia vem atingindo o limite entre a violação e a permissão, com a divulgação de programas televisivos onde os participantes são filmados dentro de uma casa, nos afazeres domésticos, na intimidade de atividades de higiene e até mesmo da própria intimidade amorosa. Tudo em função da busca pela premiação final, o que em tese autoriza a exposição da imagem dos seus participantes em situações por vezes vexatórias e humilhantes.

Com efeito, podemos invocar a proteção legal à imagem da pessoa humana embrionária, com o firme propósito de evitarmos que fotos ou filmagens venham a divulgar o seu desenvolvimento, a forma da sua concepção; ou até a realização de manipulação genética realizada como espetáculo para uma audiência.

---

145 Sobre o tema *vide* Edgard de Moura Bittencourt. *Alimentos.* 3. ed. São Paulo: Universitária de Direito, 1976. p. 17.

146 Carlos Alberto Bittar. *Os direitos da personalidade,* cit., p. 87.

147 Carlos Alberto Bittar. *Os direitos da personalidade,* cit., p. 87.

No tocante, a tais procedimentos devemos coibi-los com eficiência, pois o titular desse direito sequer terá condições de prover à sua preservação; muito menos de exercer a tutela referente à proteção do mesmo, após a sua violação.

Inadmissível a admissão de autorização expressa para a divulgação da imagem do ser humano embrionário seja feita pelos seus genitores, pois vem de encontro à proteção constitucional reservada à criança, aos dispositivos legais dos arts. 3°, 4°, 5°, 7° e 15 do Estatuto da Criança e do Adolescente. O que importa necessariamente na intervenção do Ministério Público, até que seja nomeado um curador para evitar que novos abusos sejam cometidos.

3. Constituição de curatela em favor do ser humano in vitro

O direito de representação[148] da pessoa humana *in vitro* encontra respaldo nas hipóteses em que a mesma é abandonada pelos pais biológicos – sem que tenha havido adoção embrionária –, ou ainda nos casos em que o seu nascimento pode ser conflitante com os interesses patrimoniais dos pais, como, por exemplo, em face da ocorrência de sucessão *causa mortis*, quando o seu nascimento vem de encontro à pretensão de um deles em garantir a sucessão exclusiva do patrimônio do *de cujus*, sem disputar a herança com o filho concebido. Também devemos admitir a hipótese de a concepção de pessoa embrionária ter-se dado com o intuito de ser usada como material genético destinado à cura de outrem, sem direitos, sem condições para que ocorra o seu nascimento, concebida apenas para morrer[149].

A admissão de curatela para o ser embrionário é possível em face da sua condição de pessoa humana, sendo aceitatambém como o é em relação ao nascituro, com base nas razões elencadas por Pontes de Miranda: para impedir a substituição e a supressão do parto[150].

Desta feita, adotamos a premissa de curatela em situações onde o poder familiar não pode ser exercido[151] – pelo abandono ou práticas inadmissíveis com o mesmo – ou ainda nos casos em que algum benefício foi outorgado em favor do ser humano *in vitro*, sob a condição de administração por um curador, como na doação, por exemplo, em que o doador determina parte do seu patrimônio em favor da pessoa humana embrionária, mas como a condição resolutiva se dará com o seu

---

148 Emilio Bussi. La rappresentanza negli atti "inter vivos" dei nascituri non concepiti e delle persone assenti secondo il Diritto Comune. *Rivista di Diritto Civile*. Padova: CEDAM. v. 33, t. 2, p. 3-26, 1933.

149 Sobre o tema ver Maria Celeste Cordeiro Leite dos Santos. *Imaculada concepção. Nascendo in vitro e morrendo in machina*. São Paulo: Acadêmica, 1993.

150 F.C. Pontes de Miranda. *Tratado de direito privado: parte especial: direito de família. Direito parental. Direito protectivo*. Rio de Janeiro: Borsoi, 1955. t. 9, p. 353-354.

151 Carlos Roberto Gonçalves. *Direito civil brasileiro:* direito de família. São Paulo: Saraiva, 2005. v. VI, p. 357-379.

nascimento com vida – até que este aconteça – o patrimônio será administrado por curador especialmente nomeado com este propósito.

Entendemos ser inconcebível que a pessoa humana *in vitro*, não esteja sujeita à curatela. Ressaltamos que a vida humana surge com a fertilização, porquanto, a sua existência não pode ser questionada. E, a não admissão de curatela em seu benefício é uma violação à sua condição de pessoa em desenvolvimento[152].

4. Direito à filiação: aspectos jurídicos decorrentes da fertilização in vitro

Na atualidade, aspectos que outrora foram determinantes para a constituição da relação de filiação perdem parte da sua relevância em decorrência dos avanços da biotecnologia. Entre esses aspectos é de suma importância frisarmos o chamado estado ficto de filho, determinado pela presunção decorrente da relação matrimonial – *pater is est quam justae nuptiae demonstrant.*

Outrora os filhos eram divididos em classes distintas: os legítimos ou matrimoniais, com relação aos nascidos na constância do casamento; os legitimados, que tiveram a sua filiação reconhecida pelo matrimônio posterior dos seus pais; os adotivos, oriundos de relação de parentesco civil; os incestuosos, filhos advindos de relações ilícitas entre parentes; e os ilegítimos, aqueles condenados desde a sua concepção, pela inexistência de vínculo matrimonial entre os seus genitores. Esses últimos ao lado dos incestuosos eram – *ad infinitum* – condenados socialmente e tratados como párias.

Com o avanço da tecnologia e a possibilidade de procriação para casais que antes estariam legados à infertilidade, abre-se um novo nível de discussão na seara jurídica – o reconhecimento da filiação proveniente das técnicas de reprodução assistida. No tocante aos valores considerados inquestionáveis no passado, tais como a filiação decorrente de relação matrimonial ou possibilidade de inclusão de um terceiro na relação de filiação – os chamados pai ou mãe biológicos –, na atualidade não são sinônimos necessariamente da maternidade ou paternidade jurídica, pois aquele que consta no registro de nascimento – no aspecto jurídico – é o que será considerado como genitor da criança[153].

---

152 No tocante ao direito de representação do nascituro, é a mesma opinião endossada por Silmara Juny A. Chinelato e Almeida. *Tutela civil do nascituro*, cit., p. 227.

153 REGISTRO CIVIL - Assento de nascimento - Reconhecimento de maternidade - Obtenção por via judicial - Admissibilidade - Registro sem identificação do nome materno - Óbito do pai - Impossibilidade de retificação do registro público ou obtenção de providência administrativa a cargo da serventia - Exaustão das possibilidades previstas no artigo 1º da Lei 8650/92 - Legítimo interesse da mãe, ademais, em postular a inserção de seu nome no registro do filho - Desnecessidade de nomeação de tutor - Recurso provido. (Apelação Cível n. 223.598-1 - Cruzeiro - Relator: ÊNIO ZULIANI - CCIV 3 - v.u. - 04.04.95)
PROVA - Pericial - Investigação de paternidade - Inviabilidade alegada, uma vez que a mãe da autora era casada com outro homem - Irrelevância - Hipótese de filiação adulterina a matre - Ausência

O novo Código Civil contribui para o presente debate, ensejado por estas novas questões. Basta, para tanto, que façamos a análise do art. 1.597, III, IV e V, que atribui a presunção de filiação para todos os filhos havidos na constância do casamento, sejam por inseminação artificial homóloga ou heteróloga[154].

No que tange à inseminação homóloga, temos, portanto, dois aspectos que exigem maior atenção. O primeiro sem dúvida é a questão dos embriões excedentes, àqueles que por comodidade e economia do casal encomendante[155], e, para evitar maiores inconvenientes à clínica de reprodução assistida, em face da possibilidade de fracassos na implantação, são concebidos como "extras", para serem usados caso seja necessário. O segundo aspecto não menos relevante é a questão da implantação ou inseminação *post mortem*.

Verifica-se que na acepção do legislador a vida deverá ser resguardada, independentemente do estado em que se encontra a relação conjugal, inclusive nos

---

do marido no momento da concepção - Averiguações necessárias para os fins colimados na Lei n. 6.015/73, artigos 29, parágrafo 1°, "b", e 102, 1° e 2° - Recurso não provido. No concernente aos filhos adulterinos, não mais restará dúvida sobre sua situação, podendo ser reconhecidos ainda que durante a vigência da sociedade conjugal de seu pai ou mãe, podendo, inclusive, intentar ação de reconhecimento de paternidade ou de maternidade. (Agravo de Instrumento n. 226.291-1 - São José dos Campos - Relator: ERNANI DE PAIVA - CCIV 6 - v.u. - 20.10.94)

REGISTRO CIVIL - Assento de nascimento - Anulação - Falsidade alegada - Maternidade e paternidade biológicas excluídas por exames - Irrelevância - Ausência de vício de consentimento - Hipótese de reconhecimento voluntário da criança - Incidência, na espécie, da Lei Federal n. 8.560/92 - Caso, ademais, de verdadeira posse do estado de filho - Ação improcedente - Recurso não provido JTJ 235/77

RECONHECIMENTO DE MATERNIDADE - Filho nascido de união concubinária - Pedido de citação do marido de quem estava separada há longo tempo - Dissolução do vínculo pela separação de corpos ou divórcio - Apelação provida para converter o pedido em separação de corpos - Inteligência do art. 1°, § 2., da Lei 7.250184 (TJRJ) RT 686/159

AÇÃO DE RECONHECIMENTO DE MATERNIDADE - Necessidade de intervenção dos pais indicados no assento registral, na qualidade de litisconsortes passivos necessários - Ocorrência, em tese, de interesse por parte dos filhos e herdeiros do pai indicado no registro civil (já falecido), para defesa de seus interesses pessoais - Não configuração, porém, de litisconsórcio necessário nesse caso - Recurso improvido. (Agravo de Instrumento n. 301.781-4/2 - Guaratinguetá - 6ª Câmara de Direito Privado - Relator: Sebastião Carlos Garcia - 13.11.03 - V.U.)

INVESTIGAÇÃO DE PATERNIDADE - Nascituro - Ação proposta pela mãe, menor púbere representada por sua genitora - Admissibilidade - Legitimidade "ad causam" - Direitos subordinados à condição de nascer com vida - Declarações de votos vencedores e vencido (TJMG) RT 625/172

INVESTIGAÇÃO DE PATERNIDADE - Nascituro - Possibilidade científica e jurídica - Extinção dos autos em primeira instância por falta de interesse - Descabimento - Possibilidade conferida pela lei processual à mãe para ser investida na posse dos direitos cabentes ao nascituro e a proteção legal da dignidade deste último, tudo aliado à ampla garantia constitucional da proteção à vida - Inclusão do nascituro no pólo ativo, pois já deve ter nascido - Apelo provido. (Apelação Cível n. 349.128-4/4 -Itaporanga - 5ª Câmara de Direito Privado - Relator: Dimas Carneiro - 02.02.05 - V.U.)

154 Esta progressão legislativa é verificada paulatinamente pelo Decreto-lei n. 4.737/42, as Leis ns. 8.83/49, 7.250/84, a Constituição Federal de 1988, o Decreto n. 99.710/90 e finalmente a Lei n. 10.406/02.

155 O Projeto de Lei n. 90/99 de autoria do senador Lúcio Alcântara, em seu art.1°, II, denomina beneficiários às mulheres ou os casais que tenham solicitado o emprego de técnicas de reprodução assistida.

casos em que foi desfeita pela viuvez. Pois a temática do presente artigo é um libelo de proteção à prole. Submetendo o presente dispositivo do inciso III e IV do art. 1.597 a um olhar mais crítico, percebe-se que o legislador, mesmo não tendo incluído o embrião humano no rol do art. 2° do diploma civil, reconhece a sua titularidade ao direito de parentesco. Outro aspecto que ressaltamos é o fato da concepção – fecundação do óvulo pelo espermatozóide – ter se dado durante o casamento sendo, portanto, o nascimento uma conseqüência posterior à concepção.

Compreendemos, ainda, que a união estável deve receber tratamento idêntico por parte da doutrina e jurisprudência, quanto a presunção de paternidade dos filhos havidos na constância da relação convivencial por inseminação artificial homóloga e heteróloga, nos moldes do art. 1.597, III, IV e V, pela aplicabilidade das normas atinentes ao casamento, à união estável[156], notadamente as referentes aos deveres matrimoniais, apesar da inexistência de norma direta que inclua os conviventes – na questão da inseminação artificial – entendemos que conforme disposição legal as normas referentes ao casamento devem sim ser aplicadas à união estável[157].

Muitos autores tecem considerações de peso, quanto à dificuldade e a preocupação com a bioética, pois a admissão de implantar um embrião órfão de um dos seus genitores seria uma condenação a que este ser humano desde o início de sua vida tivesse que lidar com a orfandade.

Compreendemos que tais indagações são legítimas, fundadas em preceito éticos e morais, mas diante da existência de um ser humano *in vitro* preferimos optar pela preservação desta vida, acreditando que a perda – no caso o falecimento preexistente de um dos genitores – será uma lacuna abissal, mas que na atualidade temos a pluralidade das relações familiares, em que apenas um dos pais cria seus filhos – família monoparental –, apenas uma pessoa adota outra, ou até crianças criadas por terceiro, amigos da família, vizinhos em face da perda do poder familiar. Ressaltamos, portanto, que em decorrência da prática de fertilização de vários embriões, como reconhecemos no embrião a existência de um ser humano, reivindicamos a sua gestação como principio basilar de respeito à vida e à dignidade humana.

Não temos dúvidas, portanto, de que no tocante à situação do ser humano *in vitro*, em respeito aos mencionados princípios constitucionais do respeito à vida e à dignidade da pessoa humana, o mais acertado é a implantação do embrião, para que este possa vir a nascer, concluindo desta maneira o seu processo de desenvolvimento. A nosso ver o consentimento nesses casos foi pronunciado por ocasião

---

156 No mesmo sentido ver Heloísa Helena Barboza. *Reprodução assistida e o novo Código Civil,* In: Maria de Fátima Freire de Sá e Bruno Torquato de Oliveira Naves (coords.). *Bioética, biodireito e o Código Civil de 2002,* cit., p. 235.

157 A única exceção à regra se refere à questão do dever de coabitação que não é exigido legalmente, todavia os nossos Tribunais de forma majoritária têm compreendido como pressuposto para diferenciar a união estável do mero namoro a sua observância.

da fecundação, produzindo eficácia imediata, culminando com a colheita de material fertilizante e a conseqüente fertilização, não havendo, desse modo, qualquer entrave jurídico à implantação do mesmo.

Entretanto a análise é diversa quanto à questão do sêmen congelado, pois o consentimento deve ser verificado, especificamente, sobre o aspecto de fecundação *post mortem*. Percebemos que pode em princípio gerar aparente contra-senso, mas que na verdade estamos diante de situações diversas, pois os gametas masculinos não podem ser tratados como se fossem pessoa, enquanto o embrião deve ser concebido como pessoa humana em desenvolvimento. Desta maneira, justificamos que o fornecedor do material fertilizante, mesmo que casado ou em união estável com a futura geriatriz, deverá consentir expressamente com o uso do seu material fertilizante, após o seu falecimento.

No entanto devemos ainda considerar a presente situação, quanto ao uso de gametas masculinos, a falta de autorização daquele que congelou seu sêmen e mesmo assim, a ocorrência da fecundação, seguida da implantação, gestação e nascimento de prole após a morte do pai, que, frisamos, não consentiu com a respectiva concepção. Invocamos aqui a proteção constitucional a criança, para solucionarmos a presente questão. Já que, independentemente da forma como foi concebida, às suas necessidades deverão ter primazia, assim como o respeito aos seus direitos, dentre os quais os de maior importância denominados personalíssimos. Dessa forma, entendemos que apesar da franca violação do ato em si há um elemento de validade: o consentimento – a vida humana gerada e o direito ao reconhecimento de filiação, essencial para a formação de uma identidade pessoal, justificam a proteção ao ser humano concebido dessa maneira.

Contudo, no tocante aos responsáveis pelo ato em si, devemos considerar a incidência da legislação penal (compreendemos que a ausência de legislação específica inviabiliza, em parte, tal punição, mas que, invocando condutas tipificadas semelhantes, o julgador, por meio de integração, poderá punir os culpados) e cível, especificamente no campo da responsabilidade civil, para que haja a aplicação da devida sanção e a efetiva proibição da supramencionada prática.

Todavia a questão da filiação não encontra na inseminação heteróloga a mesma proteção. Basta que tenhamos em mente que na inseminação heteróloga houve, por parte de terceiro estranho à relação marital ou de convivência, a participação pela doação de gametas.

Explica-nos Maria Helena Diniz que esta doação pode ser feita inclusive com o emprego de técnica para criar a ilusão psicológica de paternidade da criança, pois pode ocorrer o emprego do método *Confused Artificial Insemination* (CAI), no qual se mescla sêmen do marido – que não tem condições de fecundar a sua esposa – ao de outro homem para que se crie a ilusão de que o bebê foi gerado pelo casal. Conforme explanação da renomada civilista, é possível ainda o uso de técnica pela qual se obtém embrião humano por meio de célula *cumulus*, quando o óvulo é retirado de uma doadora e desnucleado, implantando-se nele a célula *cumulus* retirada de uma mulher infértil. O óvulo 'fabricado' se encarregará de expulsar metade dos 44 pares de cromossomos da célula *cumulus*. Feito isso, fecunda-se o óvulo com o espermatozóide, formando-se o embrião humano[158].

Concordamos com o efeito devastador de tais técnicas na genética, nos princípios ético-jurídicos, nos costumes sociais, devendo o legislador coibir tais práticas impedindo que pessoas estejam sujeitas a uma concepção dessa forma.

Na opinião de José de Oliveira Ascensão sobre o tema, os grandes problemas residem porém na procriação heteróloga, ou com doador. Aí aparece necessariamente um estranho, a quebrar a intimidade familiar. Ainda que consentido, ainda que anônimo, ainda que se crie a ficção da proveniência do casal da criança a nascer, há sempre os problemas que traz o estranho no ninho. E nestes casos haverá que se perguntar se se justifica a produção de um ser nessas condições, quando há a alternativa da adoção, com a possibilidade de ocorrer simultaneamente a situações de grande carência social[159].

A inseminação homóloga, pela identidade genética, é aquela que sem dúvida apresenta a menor problemática quanto à relação parental. No entanto, o mesmo não podemos afirmar da inseminação heteróloga, pois se é certo que a doação de gametas por terceiro permite a fecundação do óvulo da esposa ou convivente, também é incontroverso que esta pessoa concebida terá apenas cinqüenta por cento do DNA do casal.

É fato relevante, portanto, que o indivíduo gerado não é filho – pelo menos no plano biológico – do marido ou convivente, mas juridicamente, pela presunção da paternidade, o será. A dúvida, justificada em nosso entendimento é se o amor a essa prole, à esposa ou convivente suportará a problemática de que o filho tão almejado não possui correlação genética com o seu "pai jurídico".

Os fatos acontecem e surpreendem o Direito, gerando a sua valoração e posterior regulamentação. Como ainda – sobre o tema – não chegamos à maturidade da valoração, ao ponto em que as leis são elaboradas, sancionadas e entram em vigor, cabe a indagação de alguns aspectos que devem ser levados em consideração para a construção de um entendimento jurídico racional acerca de algumas questões relevantes à matéria[160].

Com referência aos efeitos dos avanços biotecnológicos na filiação, ensina-nos Luiz Edson Fachin que normalmente a paternidade de filho matrimonial se assenta em três pilares: O jurídico (o marido da mãe é por presunção pai do filho tido pela mulher com a qual está casado), o biológico (o marido da mãe é presumivelmente o autor genético da fecundação), e o socioafetivo (o marido da mãe trata

[158] Maria Helena Diniz. *O estado atual do biodireito,* cit., p. 486 e 510.

[159] José de Oliveira Ascensão. Problemas jurídicos da procriação assistida. In: *Revista Forense,* cit., v. 328. p. 71.

[160] Sobre o tema ver Miguel Reale. *Lições preliminares de direito.* 23. ed. São Paulo: Saraiva, 1996. p. 60-69.

a criança como filho – e por ela é tratado como pai). E continua afirmando que a falta de coincidência desses vetores pode gerar complexidade[161].

Esse quadrante se apresenta quando a mulher casada, apta à gestação, não pode ter filhos de marido estéril, e por isso, com o consentimento dele, vem ela a ser fecundada com sêmen de terceiro identificável. À pergunta "quem é o pai?", mesmo nesse universo, tem sido dada uma singela e insuficiente resposta em se tratando de inseminação que envolve marido e mulher, utilizando-se esperma de estranho. Incidente a presunção *pater is est*, pai do filho tido pela mulher casada é o marido. Com efeito é o pai jurídico, mas por certo não é nessa hipótese o pai biológico, e pode não ser o pai socioafetivo.

A partir daí, as questões brotam irrefreáveis. Poderá o filho obter a revelação dessa paternidade biológica? Poderá o pai negar a sua "paternidade não-biológica"? Quais são os interesses que devem ser tutelados como superiores e, por isso mesmo, podem orientar soluções a esses questionamentos?[162]

Nos casos de inseminação artificial heteróloga, por exemplo, a questão mais corriqueira é a fecundação de óvulo com sêmen de terceiro, sendo desta maneira a principal problemática sobre a relação de filiação – oriunda das técnicas de reprodução assistida. Em outras palavras a criança gerada será presumidamente filha do marido da sua mãe, mas sem possuir identidade genética com o mesmo.

Em outra hipótese a esposa é mãe do filho do seu marido, mas apenas juridicamente, sem que tenha sido mãe no sentido biológico, pois o embrião foi formado pela fecundação do óvulo de doadora com o sêmen do seu marido.

Todavia, o que devemos chamar de filiação? O que justifica a existência de paternidade? Ninguém nasce pai, se faz pai pelo contato, ou seja, pela primeira vez que olha nos olhos daquele pequeno ser e ele sorri, na troca da primeira fralda, na primeira febre, no primeiro gol marcado numa clássica partida de futebol no condomínio, no primeiro abraço apertado, ou, simplesmente, ao escutar o som daquela voz dizendo "papai"[163]. Sobre o tema assim se manifestou Pereira Coe-

---

161 *Vide* Álvaro Petracco; Mariângella Badalotti e Adriana Cristine Arent. Bioética e reprodução assistida. In: Eduardo Oliveira Leite (coord.). *Grandes temas da atualidade – bioética e biodireito.* Rio de Janeiro: Forense, 2003. p. 1-16; Eduardo Oliveira Leite. *Procriações Artificiais e o Direito*: Aspectos médicos, religiosos, psicológicos, éticos e jurídicos. São Paulo: Revista dos Tribunais, 1995. p. 36; Guilherme de Oliveira. *Temas de direito da medicina.* Coimbra: Coimbra, 1999. p. 31.

162 Luiz Edson Fachin. A tríplice paternidade dos filhos imaginários. In: Teresa Arruda Alvim (coord.). *Repertório de jurisprudência e doutrina sobre direito de família,* 1995. v. 2, p. 171-172.

163 Sobre o tema ver também: Luiz Edson Fachin. *Estabelecimento da filiação e presunção de paternidade.* Porto Alegre: Sérgio Fabris, 1992; José da Costa Pimenta. *Filiação.* 4. ed. Lisboa: Petrony, 2001; Silvana Maria Carbonera. O papel jurídico do afeto nas relações de família. In: Luiz Edson Fachin (coord.). *Repensando fundamentos do direito civil contemporâneo.* Rio de Janeiro: Renovar, 1998. p. 303-308; A ideologia do afeto. Porto Alegre: *Revista Brasileira de Direito de Família,* n.14, p. 5-10, jul.-set. 2002; Jaqueline Filgueras. *A filiação que se constrói: o reconhecimento do afeto como valor jurídico.* São Paulo: Memória Jurídica, 2001; José Bernardo Ramos. *Investigação de paternidade. Posse de estado de filho:* paternidade socioafetiva. Porto Alegre: Livraria do Advogado, 1999. Heloisa Helena Barboza. Novas relações de filiação e paternidade. In: Rodrigo da Cunha Pereira (coord.). *Repensando o direito de família.* Belo Horizonte: Del

lho: "dificilmente se encontrará expressão mais eloqüente de tratamento do que o chamamento de filho e a aceitação do chamamento de pai"[164].

Resta o questionamento sobre a revogação do consentimento. Podemos considerar a hipótese do marido ou companheiro que assentiu com a inseminação com material fertilizante de terceiro revogar o seu consentimento[165], impugnando, portanto, a paternidade? Numa análise inicial compreendemos que não pode ocorrer a chamada revogação do consentimento perfeito – aquele expresso em condições ideais, mas que devemos considerar como anulável todo e qualquer consentimento em que haja vícios (como, por exemplo, nos casos em que houve coação, fraude, erro ou dolo) que não tenham sido emitidos com fundamento na vontade real[166].

No mesmo sentido é a lição de Zeno Veloso que atesta que o marido é o pai, pois teve conhecimento e consentiu na inseminação artificial, com esperma de um terceiro, não podendo, depois impugnar a paternidade. Para o autor o consentimento confere o estado de filho matrimonial. A paternidade, no caso, não tem base biológica, mas possui um fundamento moral, prestigiando-se a relação socioafetiva[167].

Diversa é a acepção do jurista português José de Oliveira Ascensão, para quem o consentimento é irrelevante na inseminação artificial heteróloga no que respeita ao estabelecimento de vínculo de filiação. O fato de a inseminação ser ou não consentida teria apenas, segundo o ilustre jurista, efeitos para o vínculo conjugal[168].

Discordamos em parte da valorosa opinião acima relatada, por compreendermos que a presunção de paternidade gerada pelo vínculo matrimonial admite prova em contrário, ou seja, a contestação ou negatória da respectiva paternidade. Concordamos que a ausência de consentimento para a inseminação heteróloga gera, na relação marital, entraves que impedem, em alguns casos, a sua continuidade, seja pela quebra dos deveres de confiança, lealdade e respeito, seja pela imposição de filho alheio como se fosse do marido. Mas compreendemos que nestes casos dificilmente poderíamos acolher a ocorrência de infidelidade, mesmo que na inovadora modalidade científica, pois compreendemos que falta o *animus*, a intenção e o contato físico com conotação sexual.

Mas a preservação da vinculação da relação de filiação 'forçosamente' é capaz de produzir os efeitos esperados da paternidade? Consideramos que não, salvo, é

Rey, 1999.

164 Francisco Manuel Pereira Coelho. *Filiação*. Coimbra: Universidade de Coimbra, 1978. p. 118.

165 O Projeto de Lei n. 90 de 1999 – de autoria do Senador Lúcio Alcântara, em seu art. 4°, determina que o consentimento livre e esclarecido, é obrigatório para ambos os beneficiários, nos casos em que a beneficiária seja uma mulher casada ou em união estável, sendo formalizado em instrumento particular, vedada a manifestação da vontade por procurador.

166 Sobre o tema ver Vicente Ráo. *Ato jurídico: Noção, pressupostos, elementos essenciais e acidentais: O problema do conflito entre os elementos volitivos e a declaração*. 4. ed. São Paulo: Revista dos Tribunais, 1997. p. 235-249.

167 Zeno Veloso. *Direito brasileiro de filiação e paternidade*. Belo Horizonte: Del Rey, 1997. p. 150.

168 José de Oliveira Ascensão. Problemas jurídicos da procriação assistida. In: *Revista Forense*, cit., p. 75.

claro, os efeitos patrimoniais, a obrigação alimentar, a proteção aos direitos sucessórios, mas não há como o legislador coagir, sob pena de sanção, o sentimento de afetividade entre pai e filho, o cumprimento do direito de visita a um filho que não se quer, o convívio com o pai que se sabe não ser o seu.

Contudo, esta pode não ser a única questão a ser resolvida, pois é possível que o terceiro doador de gametas venha a questionar a relação de filiação, almejando reconhecer o filho oriundo do seu material fertilizante. Neste aspecto, precisamos abordar que não só a paternidade poderá ser contestada, pois, nos casos em que a doação é de óvulo, também a maternidade poderia ser contestada[169].

Neste sentido reconhecemos que apenas a relação biológica não é fundamental para o reconhecimento de filiação, pois é necessário que haja convivência e afetividade[170].

Mas quais os critérios determinantes para a construção de um conceito de filiação? No intuito de atender à expectativa do casal, compreendemos que a presunção legal é o critério que mais se adequa à pretensão daqueles que almejam um filho. Todavia, pode não ser o da necessidade da criança, pois sem dúvida a chamada paternidade socioafetiva (ou maternidade socioafetiva, nos casos de doação de óvulos), onde os laços sentimentais são os predominantes, é a melhor solução[171].

Nos casos de impugnação de paternidade ou maternidade em que a verdade biológica ou jurídica não é suficiente para dirimir os conflitos, o papel fundamental é do julgador, pois na inexistência de norma regulamentadora quem decidirá pela desconstituição ou não do vínculo de paternidade ou maternidade é o juiz

---

169 Cf. Maria Helena Diniz. *O estado atual do biodireito,* cit., p. 479-511.

170 Sobre o assunto assim se pronuncia Pietro Perlingieri (*Perfis do direito civil.* Tradução de Maria Cristina de Cicco. 1. ed. Rio de Janeiro: Renovar, 1999. p. 176-177): "Diversa é a situação do filho que nasce por inseminação artificial heteróloga em um casal casado ou não (tem-se inseminação heteróloga quando o doador do sêmen é um terceiro; se o sêmen provém do marido – ou do convivente "de fato" – a inseminação é chamada de homóloga), quando é possível que se determine um conflito entre a posição do marido e aquela do doador, titular do patrimônio genético. Não se pode excluir que se o pai – genitor legal – morrer, o doador – genitor genético possa assumir algumas responsabilidades, mesmo de tipo educativo educativo, em relação ao filho. Posição diversa adotou o Projeto de Lei n°90/99 de autoria do Senador Lúcia Alcântara, em seu art.16, §1°, que assim dispõe: "A morte dos beneficiários não restabelece o poder parental dos pais biológicos."
Deve-se dissentir das propostas que prevêem o anonimato do doador do sêmen. As perplexidades sobre a eliminação do anonimato não podem representar uma contra-indicação à inseminação artificial. Não tutelar o anonimato, antes, atribuir responsabilidades a quem doa, com o seu sêmen, a vida, personalizar a doação, significa evitar a especulação.
O menor tem o direito de conhecer as próprias origens não somente genéticas, mas culturais e sociais. O patrimônio genético – de acordo com a concepção pela qual a estrutura se adapta à função – não é totalmente insensível no seu futuro às condições de vida nas quais a pessoa opera. Conhecê-lo significa não apenas evitar o incesto, possibilitar a aplicação da proibição de núpcias entre parentes, mas responsavelmente estabelecer uma relação entre o titular do patrimônio genético e quem nasce".

171 *Vide* Luiz Edson Fachin. A tríplice paternidade dos filhos imaginários. In: *Repertório de jurisprudência e doutrina sobre direito de família,* cit., p. 184. Ver também João Baptista Villela. Desbiologização da Paternidade. In: *Revista Forense,* v. 271, 1980, p. 45-51.

da causa. Realizando, conforme preceitua Maria Helena Diniz, a integração dessa lacuna e a resolução do conflito submetido à sua apreciação[172].

Entendemos que para tanto o julgador deverá, com base no princípio da dignidade da pessoa humana, destacar os interesses e direitos da criança como sendo aqueles que devem ser protegidos e tutelados pelo Estado[173].

Contudo, como nos ensina Heloisa Helena Barboza, a problemática jurídica não se restringe ao vínculo de filiação. Necessariamente se constatam repercussões no direito das sucessões e quanto à natureza das relações entre o casal e a doadora de útero[174] ou entre o casal e o terceiro doador de gametas.

Iniciaremos a discussão quanto a estas questões periféricas, pela relação jurídica entre o doador de material fertilizante e o casal encomendante da procriação[175].

Por força da Resolução n. 1.358, de 11 de novembro de 1992, expedida pelo Conselho Federal de Medicina, o doador de material genético (gametas) deverá ser obrigatoriamente informado de todos os aspectos que envolvem a reprodução assistida. Neste sentido dispõe o Capítulo I, Princípios Gerais, número 3, da citada Resolução:

> "O consentimento informado será obrigatório e extensivo aos pacientes inférteis e doadores. Os aspectos médicos envolvendo todas as circunstâncias da aplicação de uma técnica de R.A. Serão detalhadamente expostos, (...). As informações devem também atingir dados de caráter biológico, jurídico, ético e econômico (...)"[176].

Contudo, laboratórios e clínicas especializadas, assim como os profissionais envolvidos, não fornecem as informações jurídicas necessárias aos doadores, além de criarem uma falsa aparência sob o manto do "sigilo", prometendo a essas pessoas o segredo de seus dados pessoais, assegurando-lhes que permanecerão no anonimato, o que nem sempre pode ser considerado como verdadeiro, pois as circunstâncias e os direitos da pessoa concebida devem ser levados em consideração[177].

---

172 Maria Helena Diniz. *As lacunas no direito.* 4. ed. São Paulo: Saraiva, 1997. p. 119-268.

173 No mesmo sentido Luiz Edson Fachin. A tríplice paternidade dos filhos imaginários. In: *Repertório de jurisprudência e doutrina sobre direito de família,* cit., p. 184. Ver também Maria Fernandez Carcaba. *Los problemas jurídicos planteados por las nuevas técnicas de procreación humana.* Barcelona: Bosch, 1995. Guilherme Calmon Nogueira da Gama. *A nova filiação: o biodireito e as relações parentais: o estabelecimento da parentalidade-filiação e os efeitos jurídicos da reprodução assistida heteróloga.* Rio de Janeiro: Renovar, 2003.

174 Cf. Heloisa Helena Barboza. *Reprodução assistida e o novo Código Civil.* cit., p. 227.

175 Ressaltamos que apenas admitimos a doação de gametas, não sendo possível à mesma conotação quanto a pessoa humana *in vitro,* pois nestes casos devemos utilizar o instituto da doação, conforme discorrermos em seguida.

176 Fabio Bauab Boschi. Reprodução humana heteróloga: Consentimento informado e sigilo do doador de esperma ou óvulos *versus* o direito da criança e do adolescente de conhecer sua verdadeira origem biológica. In: *Revista do Curso de Direito do Centro Universitário das Faculdades Metropolitanas Unidas,* ano XVII, n. 25, p. 186, 2003.

177 Cf. Fabio Bauab Boschi. Reprodução humana heteróloga., cit., p. 186.

Esta falsa promessa de segredo dos dados pessoais dos doadores de material genético consta, por incrível que possa parecer, da mencionada Resolução n. 1.358/92 do Conselho Federal de Medicina, que prescreve:

> "IV. Doação de gametas ou pré-embriões: (...) 2 – Os doadores não devem conhecer a identidade dos receptores e vice e versa. 3 – Obrigatoriamente será mantido segredo sobre a identidade dos doadores de gametas e pré-embriões, assim como dos receptores. Em situações especiais, as informações sobre doadores, por motivação médica, podem ser fornecidas exclusivamente para médicos, resguardando-se a identidade civil do doador"[178].

A impossibilidade de ser mantido o sigilo deve-se à distorção entre uma relação obrigacional – existente entre o casal encomendante x doador de gametas – e o direito fundamental da pessoa humana quanto a sua identidade, ao conhecimento de suas origens biológicas, da verdade acerca da sua concepção[179176A].

Desta maneira reconhecemos a possibilidade de a doação de gametas como negócio jurídico gratuito – intermediado pelas clínicas de reprodução assistida – entre os futuros pais e o terceiro que permitiu a concretização da concepção possuir cláusulas de sigilo. Entretanto, tal efeito apenas poderá ser exigido entre as parte contratantes, não tendo, portanto, quaisquer efeitos com relação à pessoa humana concebida por meio dessa técnica.

Apenas com o propósito de evidenciarmos a impossibilidade da doação de gametas sigilosa, ser imposta ao ser humano concebido por técnica de inseminação artificial heteróloga, ressaltamos a natureza do contrato de doação como sendo mero direito obrigacional, enquanto o direito à identidade, ao nome, ao parentesco é parte dos direitos inerentes à condição de ser humano[180]. Dessa maneira não

---

178 Fabio Bauab Boschi. *Reprodução humana heteróloga,*. cit., p. 186.

179 176A Algumas legislações estrangeiras adotaram a preservação do sigilo do doador, são elas: as Leis espanholas de n. 35 e de n. 42, respectivamente de novembro e dezembro de 1988; o *Human Fertilisation and Embriology Act*, editado pelo Reino Unido de 1990 e as Leis francesas de n. 94-653 e n. 94-654 de 1994.

Outras determinaram expressamente a preservação dos interesses da prole, como por exemplo as Leis suecas de n. 1140 de 1984 e n. 711 de 1988. No Brasil a previsão de anonimato decorre da Resolução do Conselho Federal de Medicina de n. 1.358 de 1992, sendo a nosso ver tal previsão inconstitucional, pois atenta contra a proteção aos interesses da criança.

180 **EMENTA:** APELAÇÃO CÍVEL. INVESTIGAÇÃO DE PATERNIDADE. INVESTIGADO PRÉ-MORTO. EXAME DE DNA. A testagem genética foi levada a efeito com material colhido do investigante, de sua mãe, e de uma irmã do suposto pai, que espontaneamente se dispôs a colaborar com a perícia, e concluiu pela probabilidade positiva de paternidade em percentual de 99,985%. Além disso, sustentam a alegação da inicial vários documentos, entre eles a Certidão da Secretaria do Bispado, informando que no registro de batismo do autor consta o falecido como seu pai, e as diversas declarações produzidas, inclusive, por familiares do de cujus. PEDIDO ALTERNATIVO. **RECONHECIMENTO DE PATERNIDADE** TÃO-SÓ PARA DECLARAR DIREITO AO USO DO PATRONÍMICO. A decisão judicial que reconhece a origem biológica comum e, por conseqüência, estabelece uma vinculação jurídica paterno-filial até então inexistente, assegura ao pai e ao filho todos os direitos e obrigações outorgados por lei às relações de parentalidade, cujos efeitos

há como compreendermos a hipótese de um direito obrigacional sobrepujar os direitos da personalidade. Acreditamos também que a preservação do sigilo é uma afronta ao princípio constitucional da dignidade da pessoa humana[181].

Não se esgota, entretanto, a presente análise na relação contratual entre o casal encomendante e o doador de gametas, muito menos na mera relação de parentesco, já que reconhecer a filiação não é um pressuposto para a admissão da capacidade sucessória. Caso contrário, estaríamos admitindo filhos que não são herdeiros, em outras palavras, a ocorrência de violação a preceito constitucional, já que a Carta Magna expurgou a discriminação entre os filhos, perpetrando o princípio da igualdade de filiação.

Entendemos que isso não é possível, pois a própria legislação pátria abre um precedente para resguardar os direitos do ser humano *in vitro* quando admite a legitimidade passiva, ou seja, a capacidade para receber herança das pessoas nascidas ou concebidas, conforme prevê o art. 1.798, *in verbis*: Legitimam-se a suceder as pessoas nascidas ou já concebidas no momento da abertura da sucessão[182].

Pelo avanço nas técnicas de reprodução assistida, principalmente no tocante à inseminação heteróloga, percebe-se que há reflexos diretos na relação de filiação, no direito sucessório e na relação entre o casal e o terceiro que participa dessa relação, seja como doador de gametas, ou na figura de mãe substituta[183].

Resta, sem dúvida, a necessidade de invocarmos a proteção constitucional ao casal sem filhos e aos direitos da criança que está para nascer. Com relação ao casal é preciso que o direito de procriação seja respeitado, sem que haja violação ao princípio constitucional do respeito à vida e da paternidade responsável. Na mesma linha devemos posicionar a proteção constitucional à pessoa humana *in vitro*, com o fulcro além do princípio de respeito à vida, à dignidade da pessoa humana, a proteção aos direitos fundamentais da criança (art. 227 da Constituição Federal), da plena igualdade entre os filhos (art. 227, § 6° da Carta Magna); o acesso universal e igualitário às ações e serviços para promoção, proteção e recuperação da saúde (art. 196 da Lei Maior)[184].

---

operam tanto na esfera dos direitos pessoais, como patrimoniais e sucessórios. NEGARAM PROVIMENTO, À UNANIMIDADE. (Apelação Cível N° 70008595274, Sétima Câmara Cível, Tribunal de Justiça do RS, Relator: Luiz Felipe Brasil Santos, Julgado em 30/06/2004)

181 Sobre o tema Maria Helena Diniz (*O estudo atual do biodireito*, cit., p. 511-522) faz uma série de sugestões para a criação de normas regulamentadoras, que permitirão a elucidação de algumas questões aqui colocadas. Posição interessante é a defendida por Sônia Barroso Brandão Soares (Famílias Monoparentais: Aspectos polêmicos. In: *Problemas de direito civil-constitucional.* Gustavo Tepedino (coord.). Rio de Janeiro: Renovar, 2001. p. 555), de que a possibilidade de manutenção do sigilo, como instrumento de constituição de família monoparental, onde não há abandono, mas conduta opcional da geriatrz. Respeitamos a posição adotada, mas ressaltamos que ainda defendemos a quebra do sigilo quanto à identidade do doador por respeito aos direitos da personalidade da pessoa concebida por reprodução assistida.

182 Grifo nosso.

183 Cf. Heloisa Helena Barboza. *Reprodução assistida e o novo Código Civil,* cit., p. 227.

184 Vide Heloisa Helena Barboza. *Reprodução assistida e o novo Código Civil,* cit., p. 231-232.

No fulcro de preservar os interesses da pessoa humana em situação de laboratório, interpretamos os dispositivos do referido artigo em consonância com a Constituição Federal, o que contribui para a idéia central do presente trabalho: a proteção do ser humano *in vitro* no direito civil-constitucional, sem ressalvas ou restrições.

Abre-se a necessidade, no entanto, de avaliarmos o arcabouço do direito sucessório brasileiro, os fundamentos para a capacidade de suceder, com o propósito de justificarmos nossa posição no tocante à condição de sujeito de direito do ser humano *in vitro.*

4.1. Da adoção embrionária

Justifica-se a abordagem do respectivo tema, em nosso estudo, por se tratar de um mecanismo de proteção à pessoa concebida em situação de laboratório, principalmente na hipótese de embrião excedentário, o qual é, em termos gerais, usado para experiências, ou, para ser descartado.

Tecendo algumas elucubrações, a adoção poderá ser admitida como instrumento do direito à vida[185], já que o ser humano *in vitro* "adotado" teria vinculação de filiação com os adotantes, podendo deles vir a receber alimentos, o que, nesse caso, poderia ser na forma de custeamento da sua criopreservação na clínica de reprodução assistida até a sua posterior implantação em útero materno.

A terminologia usada, comumente, nessa hipótese, tem sido a de "doação de embrião", entretanto, dela discordamos por ter a doação bens como objeto, o que não condiz com a situação jurídica do ser humano *in vitro.* Invocamos ao caso da pessoa humana *in vitro* o tratamento de equiparação à pessoa nascida, com base nos mencionados princípios do respeito à vida, à dignidade da pessoa humana e do melhor interesse da criança. Por isso, assumimos a defesa de que a pessoa embrionária poderá ser adotada, com o objetivo de nascer (não concebemos a adoção embrionária para práticas abortivas ou manipulações genéticas), para tanto será implantada no útero da sua mãe adotiva, permitindo com essa possibilidade assegurar o direito ao nascimento e a respectiva filiação.

No que tange à hipótese de adoção do ser humano *in vitro*, acreditamos não haver incoerência no nosso entendimento, uma vez que o instituto da adoção é o ato jurídico pelo qual uma pessoa recebe outra como filho, independentemente de existir entre elas qualquer relação de parentesco sangüíneo ou afim[186]. Com a im-

---

185 Sobre o assunto ver Guilherme Calmon Nogueira da Gama. *A nova filiação: o biodireito e as relações parentais: o estabelecimento da parentalidade-filiação e os efeitos jurídicos da reprodução assistida heteróloga.* cit., p. 478-479.

186 Cf. Caio Mário da Silva Pereira. *Instituições de direito civil:* direito de família, Rio de Janeiro: Forense, 2006. v. V, p. 392. Sobre a evolução da adoção histórica da adoção ver Maria Alice Zaratin Soares Lotufo. *Adoção – perfil histórico e evolução teleológica no direito positivo.* Dissertação de mestrado apresentada e aprovada pelo Programa de Pós-Graduação em Direito da Pontifícia Universidade Católica de São Paulo.

plantação no útero da mãe adotiva teríamos mais do que o mero vínculo jurídico, uma vinculação afetiva decorrente da situação gestacional.

Em síntese, o tema abordado retrata o avanço no campo da biotecnologia que incide diretamente na procriação humana assistida, assim, podemos admitir a seguinte premissa à "adoção de embrião humano"[187], quando os consortes ou conviventes não possuem qualquer correlação biológica com os gametas que deram origem ao embrião, todavia, o mesmo será implantado no útero da esposa ou da convivente, causando a impressão de ser filho biológico do casal encomendante[188].

Assumir a paternidade de filho alheio requer a renúncia à impugnação da paternidade ou maternidade, em outras palavras, exercendo – portanto – a presunção de paternidade atribuída pela legislação, ou aparência de maternidade – em virtude da gestação –, evitando, dessa maneira, o abandono de embriões criopreservados ou ainda sua morte.

Entretanto, a ficção produzida pela aparente concepção, já que ao ter o embrião implantado em seu útero passa a mulher a ser presumidamente a mãe da criança[189], enquanto o seu marido ou convivente será o pai, cria, de forma efetiva, os chamados laços de filiação? Entendemos que não, apesar de incontestavelmente ser a gestação um ato de intensa relação entre a mulher e o bebê, compreendemos que nesses casos devemos legitimar a adoção do embrião, com o propósito de evitarmos qualquer situação incestuosa futura.

---

187 Sobre o tema a opinião de Silmara Juny de Abreu Chinelato e Almeida (Direitos do nascituro no sistema jurídico brasileiro. In: *Revista O Direito.* Ano 129. Universidade Lisboa, 1997. p. 66) admite a possibilidade de adoção do nascituro – sem que haja violação ao E.C.A. – raciocínio que aplicamos à situação do ser humano *in vitro.*

188 Quanto à questão, assim se pronunciam Nelson Nery e Rosa Maria de Andrade Nery (*Código Civil comentado e legislação extravagante. 3.* ed. ver., atual. e ampliada da 2. ed. do Código Civil anotado. São Paulo: Revista dos Tribunais, 2005. p. 768): "Evidentemente a norma parte do pressuposto de que a declaração de nascimento que ensejou o registro de filiação e que comprova a maternidade, foi emitida a partir do fato verdadeiro do nascimento, evidenciado pelo parto. Essa presunção é tida por ilidida se há elementos probatórios que justificam a impugnação da maternidade, a procedência da negatória de maternidade e o subseqüente cancelamento de registro. Algumas situações podem gerar essa perplexidade, como, por exemplo: a) não ter havido o parto e a atribuição de maternidade ter sido conseqüência de falsidade ideológica do declarante, ou da própria mulher a quem se atribuiu filiação, com o fito de : a1) ou atribuir à mulher filiação de pessoa de pessoa que não existe; a2) ou atribuir à mulher filiação de pessoa nascida de outra; b) ter havido o parto, mas subseqüentemente troca da pessoa que efetivamente nasceu da mulher, de sorte ser verdadeiro o fato do nascimento, mas não o vínculo de maternidade que une aquela mulher àquele filho; c) ter havido o parto, mas por alguma razão de ordem técnica de inseminação artificial, ter havido troca de embriões; d) ter sido lavrado o assento por erro, dolo ou fraude no ato registrário, sem que tivesse havido efetiva declaração de nascimento; e) ter havido o parto e equívoco no lançamento do nome e ou da qualificação da verdadeira mãe do nascido, confundida com outra pessoa que erroneamente figura no registro na condição de mãe, sem ter sido a geratriz do nascido.

189 *Vide* art. 1.608 do Código Civil brasileiro, *in fine*: "Quando a maternidade constar do termo de nascimento do filho, a mãe só poderá contestá-la, provando a falsidade do termo, ou das declarações nele contidas."

Consideramos que a adoção da pessoa embrionária seria realizada com o fulcro no art. 1° da Convenção sobre os Direitos da Criança (ratificada pelo Brasil em 24 de setembro de 1990[190]), no art. 2° do Estatuto da Criança e do Adolescente (Lei n. 8.069/90), culminado com o art. 1.624 do Código Civil em vigor, o que significa em outras palavras conceder à pessoa concebida tratamento isonômico com a criança (pessoa nascida). Como a legislação não faz distinção entre crianças nascidas e apenas concebidas[191], acreditamos ser essa a solução para os seres humanos *in vitro* em situação de abandono nas clínicas de reprodução assistida. Comprovando-se o dito abandono, por mais de um ano, defendemos – com base no art. 1.624 do diploma civil – que o consentimento dos pais biológicos não seja necessário para a realização da mencionada adoção[192].

De acordo com o art. 226, § 4°, da Constituição Ferderal, compreende-se como família aquela formada por qualquer dos pais e seus descendentes. Desta feita, entendemoscom o fulcro no respectivo dispositivo constitucional que não há qualquer óbice à adoção unilateral. Nosso entendimento recebe o reforço do art. 42 da Lei n. 8.069/90, que prevê expressamente essa possibilidade. O diploma civil não trata de forma direta a adoção unilateral, mas a prevê – indiretamente – quando condiciona, conforme o art. 1.622, a adoção bilateral apenas nos casos de casamento e união estável[193].

Resta ainda considerarmos o aspecto volitivo da adoção, por ser, ao mesmo tempo que constitui a vinculação de parentesco civil decorre de ato de vontade do adotante, pois não existe adoção fundada na manifestação de vontade coagida do adotante[194]. Ao contrário da filiação biológica – que em alguns casos ocorre sem a intenção –, a filiação oriunda da adoção vem imbuída do elemento intencional, isto é, *do desejo de ter um filho, ou seja, do desejo de ser pai e mãe*[195]. Portanto, a nosso ver, nada

---

190 Cf. Antonio Augusto Cançado Trindade. *A proteção dos direitos humanos: fundamentos jurídicos e instrumentos básicos*. São Paulo: Saraiva, 1991. p. 665.

191 Com o fundamento nos avanços da reprodução assistida no direito de filiação *vide* Gilda Nicolau. *L'influence des progres de la genetique sur lê droit de la filiation.* {S.l}: Univ. De Bordeaux, 1991. p. 227.

192 Com relação ao nascituro, defende opinião similar Silmara Juny A. Chinelato e Almeida. *Tutela civil do nascituro*, cit., p. 217-225.

193 Sobre o tema ver Guilherme Calmon Nogueira Gama. *O biodireito e as relações parentais: o estabelecimento da parentalidade-filiação e os efeitos jurídicos da reprodução assistida heteróloga*, cit. p. 537-543.

194 No mesmo sentido é a lição de João Baptista Villela (A desbiologização da paternidade, cit. p. 417): "(...) a adoção prefigura a paternidade do futuro, por excelência enraizada no exercício de liberdade. Somente ao pai adotivo é dada a faculdade de um dia poder repetir aos seus filhos o que Cristo disse aos seus apóstolos: Não fostes vós que me escolhestes, mas fui eu que vos escolhi a vós".

195 NEGATÓRIA DE PATERNIDADE. ANULAÇÃO DE REGISTRO NASCIMENTO. IMPOSSIBILIDADE. ADOÇÃO AFETIVA. Descabida a pretensão do pai registral de negar a paternidade em razão do rompimento do vínculo conjugal com a mãe. Sendo a filiação um estado social, comprovado estado de filho afetivo, não se justifica a anulação de registro de nascimento por nele não constar o nome do pai biológico. Relação parental demonstrada. Reconhecimento da paternidade que se deu de forma regular, livre e consciente, mostrando-se impossível a revogação. DERAM PROVIMENTO. UNÂNIME. (Apelação Cível N° 70020064481, Sétima Câmara Cível, Tribunal de Justiça do RS, Relator: Maria Berenice Dias, Julgado em 15/08/2007)

há que obste essa possibilidade com relação à pessoa humana *in vitro*, pois compreendemos que esta modalidade de adoção encontra respaldo em nossa legislação, nos princípios constitucionais e no desejo de constituição de uma família.

4.2. Dos meios de defesa do direito à filiação

Abordamos a proteção da filiação no direito brasileiro, no presente estudo, como mecanismo de defesa da pessoa embrionária, permitindo que essa seja protegida, pelos chamados vínculos de filiação, haverá responsáveis que irão zelar pela sua integridade e preservação e que possibilitarão a efetivação do seu nascimento.

No tocante à chamada inseminação homóloga percebemos que a vinculação de parentalidade não sofrerá grandes obstáculos, salvo nos casos de manipulação equivocada por parte da clínica responsável pela fertilização, que pode, por engano, vir a usar material genético de outrem; ou quando da resistência indevida, também por parte da clínica, para que haja a implantação do ser humano *in vitro*. Mas a relevância da inseminação homóloga, para o direito de filiação, é a inexistência de dúvidas quanto à paternidade e à maternidade da pessoa humana *in vitro*.

De acordo com a casuística descrita, a seguir, devemos ressaltar que a aparente facilidade no reconhecimento de filiação não pode gerar conclusões de que a filiação não sofrerá ameaças quando resultar de inseminação artificial homóloga.

É possível a admissão da situação em que o casal – por dificuldades na concepção – optou por realizar, com material próprio, inseminação artificial; instituindo para o fim de procriação tratamento para que houvesse a implantação do ser humano embrionário no útero da mãe, no entanto, a clínica de reprodução assistida – sem qualquer justificativa plausível – se recusa a realizar a referida implantação e muito menos a entregar os embriões criopreservados. Com base na situação em tela, acreditamos que a ação de busca e apreensão de menores é o instrumento cabível para a defesa dos interesses da pessoa embrionária e do seu direito de filiação.

Ressaltamos que a referida ação tem cabimento para requerer a guarda de filho menor (mesmo que ainda não nascido), dispensado inclusive o ajuizamento de ação principal, pois, nesse caso, como nos ensina Vicente Greco Filho, não há necessidade alguma de definir a guarda ou o poder familiar que lhe são inerentes[196]. Verificamos que a guarda exercida pela clínica – em face da necessidade de

---

NEGATÓRIA DE PATERNIDADE. ANULAÇÃO DE REGISTRO NASCIMENTO. IMPOSSIBILIDADE. ADOÇÃO AFETIVA. Narrativa da petição inicial demonstra a existência de relação parental. Sendo a filiação um estado social, comprovado estado de filho afetivo, não se justifica a anulação de registro de nascimento por nele não constar o nome do pai biológico. Reconhecimento da paternidade que se deu de forma regular, livre e consciente, mostrando-se a revogação juridicamente impossível. NEGADO PROVIMENTO. UNÂNIME. (SEGREDO DE JUSTIÇA) (Apelação Cível Nº 70019948082, Sétima Câmara Cível, Tribunal de Justiça do RS, Relator: Maria Berenice Dias, Julgado em 18/07/2007)

196 Vicente Greco Filho. *Direito processual civil brasileiro*. 18. ed., ver. e atual. São Paulo: Saraiva, 2006. v. 3, p. 193. Sobre o tema ver também Marcos Destefenni. *Curso de processo civil: processo cautelar*. São Paulo: Saraiva, 2006. v. 3, p. 83; Humberto Theodoro Júnior. *Curso de direito processual civil*. 20. ed. Rio de

criopreservação – deve-se ao desdobramento da guarda dos pais, que em, nosso entendimento, não irão perdê-la, pois a conservação da pessoa embrionária nas mãos da clínica se dá em decorrência de tratamento para que haja a sua posterior implantação em útero materno. Assim, não há que se falar em perda do poder familiar, ou inexistência de guarda, uma vez que essa sempre existiu em face do chamado vínculo de parentesco.

Outra possibilidade que devemos mencionar, com o propósito de resguardar a filiação nos casos de inseminação homóloga, é a situação de mãe gestacional – em que o casal encomendante cede material fertilizante próprio, mas não tem a mulher como receber o filho concebido em seu útero, por motivo de saúde, como, por exemplo, hipertensão ou anomalias tais como a inexistência de útero. Desta feita, o ser humano embrionário é implantado em útero alheio – mas evidenciamos que não há qualquer vinculação biológica com a mãe de substituição. Ocorre que durante a gestação a mãe gestacional se afeiçoa à criança e, após o nascimento, se recusa a entregá-la, o que gera, em princípio, a seguinte indagação: a quem deverá ser entregue a criança?

Compreendemos, nesse caso, que uma resposta simplista não condiz com a complexidade da questão, pois são os interesses da criança que deverão ser considerados como fundamento para a decisão de com quem ela ficará – se com aqueles que cederam material genético para a sua concepção ou se com aquela que por nove meses a gerou em seu ventre. Nesse sentido é a lição de Heloísa Helena Barboza, que destaca que o princípio estrutural da nova filiação[197] consiste na adoção pela Constituição Federal da doutrina da proteção integral da criança e do adolescente (CF/88, art. 227), os quais passaram a ter reconhecidos e garantidos direitos próprios à sua condição de pessoa em desenvolvimento. Em conseqüência, as relações envolvendo *essas pessoas em desenvolvimento*, em especial as travadas entre pai e filhos, devem respeitar tais direitos[198].

Dessa maneira, acreditamos que haja a necessidade de se verificar caso a caso a situação da criança para que tenhamos uma decisão adequada à preservação dos seus direitos. Contudo, em função do nosso objetivo ser a análise dos meios de defesa para resguardar os direitos de filiação, abordaremos a questão levando em consideração as duas hipóteses: a primeira no caso dos pais biológicos serem aqueles que melhor atenderiam as necessidades da criança; a segunda ressaltando a mãe gestacional como a que mais adequadamente se posiciona como apta à criação do infante.

Verificando a situação de posse da mãe gestacional e, inclusive, o registro da criança em seu nome, em nossa análise caberia aos pais biológicos a ação de

---

Janeiro: Forense, 1997. v. 2, p. 472.

[197] Grifo nosso.

[198] Sobre o tema ver Heloísa Helena Barboza. As novas relações de filiação e paternidade. In: *Repensando o direito de família: anais do I congresso brasileiro de direito de família.* Belo Horizonte: Del Rey, 1999. p. 140..

impugnação de maternidade com base na verdade biológica. A denominada ação serviria para afastar a "pseudomaternidade" alegada pela mãe gestacional, causando inclusive a retificação do registro (defendemos a mesma possibilidade na hipótese de gestação com pessoa humana embrionária trocada – em que outra mulher recebe o embrião de outro casal, imaginando ser o seu), permitindo, desse modo, a anotação dos dados verdadeiros no novo assento de nascimento.

Quanto à questão da maternidade da mãe gestacional, são necessárias algumas considerações: conforme lição de Guilherme Calmon Nogueira da Gama, a doutrina tem considerado que na eventualidade de a maternidade de substituição se efetivar – ainda que contrariamente ao ordenamento jurídico –, para o direito a mãe da criança será determinada pelo parto, e, conseqüentemente, aquela que desejou receber a criança na sua família – ainda que seja a fornecedora do óvulo fecundado – não terá qualquer vínculo jurídico com a criança diante do critério parto, o que de certo modo contrariaria a tendência que vem ocorrendo no campo da procriação carnal, que é a biologização, ou a busca da verdade biológica (ou genética)[199].

Defendemos a adoção como instrumento para a mãe gestacional efetivar a sua pretensão à maternidade. Sendo, posteriormente, feita a averbação no registro da criança os dados dos pais biológicos, com o propósito de evitar relações incestuosas futuras.[200]. Entretanto – em decorrência da sua manifestação de vontade a favor do exercício da maternidade –, entendemos não ser cabível a renúncia da maternidade realizada, posteriormente, por meio do ajuizamento de ação declaratória com este propósito.

No que tange à inseminação artificial heteróloga, reconhecemos não ser possível à propositura de ação negatória ou contestatória de paternidade, quando houve o consentimento do marido ou convivente da mãe do ser humano *in vitro*. Contudo, se não houve o consentimento, a respectiva ação tem fundamento, pois a paternidade afetiva – provavelmente – não chegou a ser exercida[201].

Nos casos de adoção embrionária, a nossa posição é que a própria adoção já é um procedimento em favor da pessoa humana *in vitro*, pois garante a sua subsistência – por meio da prestação alimentar – e o direito ao nascimento. Entretanto, uma vez realizada, consideramos ser impossível o seu desfazimento, por ter natureza irrevogável.

Todavia, é possível admitirmos a situação em que a pessoa nascida busca as suas origens biológicas, para tanto ajuíza a ação de investigação de paternidade e/ou maternidade. Como, a nosso ver, se trata de direito à identidade, inerente à

---

199 Guilherme Calmon Nogueira da Gama. *A nova filiação: o biodireito e as relações parentais: o estabelecimento da parentalidade-filiação e os efeitos jurídicos da reprodução assistida heteróloga*, cit., p. 487. Sobre o tema ver Zeno Veloso. *Direito brasileiro da filiação e da paternidade*, cit., p. 155. Guilherme de Oliveira. *Mãe há só (uma) duas: o contrato de gestação*. Coimbra: Coimbra Ed., 1992. p. 11.

200 Sobre o tema ver Carlos Roberto Gonçalves. *Direito civil brasileiro,* cit., v. VI, p. 296.

201 Carlos Roberto Gonçalves *Direito civil brasileiro,* cit., v. VI, p. 283-289.

condição de ser humano, sendo, portanto, direito personalíssimo, não há como impedir o filho de encontrar proteção à sua pretensão e, em face dela, a criação de novos laços de parentescos, diversos dos que haviam sido anteriormente constituídos.

Capítulo IV

O EMBRIÃO *IN VITRO* E SEUS DIREITOS PATRIMONIAIS

1. Breves notas introdutórias

De forma rápida, analisamos as noções gerais acerca desta problemática quando discorremos sobre a condição jurídica do ser humano *in vitro*, no momento em que avaliamos a existência de personalidade jurídica e de capacidade de direito. No entanto, o tema exige um olhar mais atento, pela necessidade de enfrentarmos aspectos jurídicos mais profundos do que a breve consideração feita anteriormente permitiu.

Neste ínterim é propício o momento para enfrentarmos a seguinte indagação: pode o embrião humano ser sujeito de uma relação obrigacional? Encaramos o mérito da indagação com a mesma serenidade que abordamos outros pontos e invocando o preceito fundante do presente trabalho, se defendemos a idéia de que o embrião deve ser tratado de forma similar ao nascituro, pois ambos são pessoas naturais, com níveis diversos de desenvolvimento, mas indiscutivelmente pessoa e não coisa. Logo, aceitamos, também a possibilidade de o embrião ser sujeito de relações jurídicas – nunca objeto de uma relação, e sim sujeito[202].

É evidente que não há amplitude nessa consideração, pois, em função do seu estado de congelamento, dificilmente teríamos o embrião em situação de laboratório como devedor de uma relação jurídica, salvo se devidamente representado. Todavia não seria possível admitirmos que outrem autorize a onerosidade referente à pessoa que representa, sem que fosse dado ao curatelado direito de reaver prejuízos causados pelo então curador. Desta maneira, para que o embrião *in vitro*, por meio de representação, seja sujeito passivo de uma relação obrigacional, os bens do

---

[202] O Projeto de Lei n. 6.960/02 de autoria do então Deputado Federal Ricardo Fiúza, que teve a intervenção da jurista Maria Helena Diniz, encerra a presente discussão, pois inclui no art. 2° o embrião ao lado do nascituro, passando a vigorar com a seguinte redação: "A personalidade civil da pessoa começa do nascimento com vida, mas a lei põe a salvo, desde a concepção, os direitos do embrião e do nascituro" (Cf. Depoimento do Deputado Ricardo Fiúza a Agência Câmara de notícias, publicado em 14/10/2005).
No mesmo sentido é a Lei n. 40/05 editada na Itália, que equipara o embrião a pessoa nascida. Referendada por votação popular.

seu curador que o representa devem ser dados em garantia para coibir abusos ou violações aos interesses e direitos do ser humano *in vitro*.

Com o propósito de ressaltarmos o embrião *in vitro* como sujeito de relações patrimoniais, abordaremos, em seguida, aspectos jurídicos que admitem tal condição.

2. Direitos do embrião oriundos do contrato de doação

A doação, relação contratual em que o doador dispõe, em regra por liberalidade, de bens de seu próprio patrimônio para beneficiar a pessoa do donatário, pode ser uma relação patrimonial, na qual o ser humano *in vitro* poderá ser parte, sempre na figura de beneficiário, com o intuito de poupá-lo, pela falta de capacidade de fato, do ônus contratual[203].

O diploma civilista autoriza a doação em benefício do nascituro, conforme previsão do art. 542, reedição do antigo art. 1.169 do Código Civil de 1916[204]. Mas silencia quanto ao benefício ser estendido ao embrião, diferentemente do Código Civil boliviano, em seu art. 663, que autoriza a doação para o não concebido, assim como o Código Civil espanhol (*vide* art. 627), que autoriza doação aos concebidos. Na mesma esteira o Código Civil português, que estipula a doação ao nascituro e ao não concebido[205].

Sobre a capacidade passiva do nascituro no contrato de doação, a mesma se verifica em face do caráter benéfico do ato, apesar da falta de capacidade de fato do mesmo[206]. Devendo o representante do nascituro expressar o seu consentimento para que haja a aceitação do benefício.

Não verificamos nenhum óbice à realização de doação ao ser humano *in vitro*, uma vez que a mesma se daria sob condição resolutiva; em outras palavras, apenas produziria efeito após o nascimento com vida. Se o nascimento ocorresse e a criança viesse em seguida a óbito, compreendemos que a referida condição foi observada, repassando o bem – objeto da doação – para os seus próprios herdeiros. Entretanto, se ocorresse abortamento, ela deveria ser compreendida como não cumprida, resolvendo-se a referida doação, como se nunca houvesse sido pactuada.

Percebe-se que, quanto à relação patrimonial, o ser humano *in vitro* deve ser beneficiado, evitando-se, dessa maneira, que ele seja lesado antes mesmo do seu nascimento.

---

[203] Na acepção do civilista Caio Mário da Silva Pereira a doação é o contrato em que uma pessoa, por liberalidade, transfere do seu patrimônio bens ou vantagens para o de outra (*Instituições de Direito Civil: contratos*, Rio de Janeiro: Forense, 2006. v. III, p. 245).

[204] *Vide* Maria Cristina Zanaighi. *Os meios de defesa dos direitos do nascituro*, cit., p. 80.

[205] *Vide* Maria Cristina Zanaighi. *Os meios de defesa dos direitos do nascituro*, cit., p. 80.

[206] Na mesma idéia Caio Mário da Silva Pereira. *Instituições de direito civil*, cit., v. III, p. 249.

Contudo, destacamos que o doador pode ter – por proteção aos interesses da pessoa humana *in vitro* – constituído curador com o intuito de resguardar o patrimônio do donatário. Com efeito esta espécie de curatela não restringe o chamado poder familiar, pois é dirigida tão-somente à administração do bem objeto da doação, cabendo aos pais o exercício de todos os demais atributos inerentes ao mencionado poder familiar.

Num último aspecto referente ao caráter material dos direitos do embrião *in vitro*, temos o direito sucessório e o debate sobre a possibilidade de o embrião ser herdeiro de outrem – que abordaremos aqui em linhas gerais, já que trataremos do assunto com maior acuidade em item próprio.

Os fundamentos da sucessão estão vinculados à relação familiar, não porque o legislador presumiu ser esta a vontade do *de cujus*, e sim, por ser o substrato da relação familiar[207].

Compreendemos que a transferência patrimonial *mortis causa* deverá ser assegurada ao ser humano *in vitro*; todavia, o recebimento da herança propriamente dita ficará, assim como na doação, condicionada ao nascimento com vida. Justifica-se essa capacidade sucessória, no fato de a concepção já ter acontecido desde a fecundação do óvulo pelo espermatozóide, ou seja, na existência de vida humana – preceito da sucessão legítima, conforme previsão legal do art. 1.798 do Código Civil brasileiro[208].

Outro aspecto que merece a nossa atenção é a similitude entre a doação e a herança no que tange as aquisições patrimoniais – ressalva, porém, ao modo de aquisição, pois, enquanto a doação é ato *inter vivos*, a herança é um ato *causa mortis* - desse modo, o ser humano em situação de laboratório será beneficiado pela sua condição de pessoa, mas não sofrerá diminuições ou restrições aos seus direitos, pois não figura no pólo passivo de uma relação onerosa.

3. O embrião humano in vitro como sujeito de direito sucessório

Já tratamos da condição jurídica do ser humano *in vitro* em capítulo anterior, mas, pela polêmica com a qual é recebida a concepção da personalidade jurídica da pessoa humana em situação de laboratório, percebemos a necessidade de evidenciar a titularidade de direitos e prerrogativas no campo do direito sucessório.

O direito pátrio protege a vida, desde de que esta é gerada, desta feita, coíbe o aborto, assegurando condições para que a gestação chegue a termo, assim como protege a geriatriz com direitos à saúde, dela e do feto em seu ventre.

---

207 Cf. Julio J. López del Carril. *Derecho de las sucesiones*. Buenos Aires: Depalma, 1991. p. 10-11.

208 Art. 1.798 do CC de 2002 – Legitimam-se a suceder as pessoas nascidas ou já concebidas no momento da abertura da sucessão.

Verificamos que a personalidade do embrião humano em situação de laboratório decorre da sua condição de pessoa. Sendo assim, os direitos provenientes dessa condição – sejam de cunho meramente subjetivo, extrapatrimoniais, bem como os de cunho patrimonial – são inerentes a sua situação jurídica.

Impossível seria a concepção de um titular de direitos, inclusive os mais complexos, como o direito à vida e à dignidade da pessoa humana, sem que os direitos patrimoniais lhe fossem deferidos. É controversa a perspectiva de assegurarmos a vida de outrem, sem que lhe seja dado o mínimo necessário à sua subsistência. Sobre tal aspecto o direito à herança cria condições financeiras pertinentes à sobrevivência e manutenção do ser humano *in vitro*, quando por ocasião do seu nascimento, garantindo, de uma só vez, a proteção ao direito à vida e condições para que essa vida tenha a dignidade necessária à sua preservação e desenvolvimento[209].

Outrossim devemos considerar que a herança pode ser um vínculo persistente com aquele que lhe deu a vida ou consentiu com a sua concepção, vez que o seu fundamento é a relação de parentesco. O reconhecimento do direito sucessório da pessoa humana *in vitro* passa necessariamente pela consideração da sua filiação, vindo, portanto, a incluí-la como membro de uma família, entre o rol de sucessíveis do art. 1.829 do Código Civil pátrio. Extinguindo, desse modo, qualquer tentativa de considerá-la coisa ou experimento científico.

Com efeito, identificamos que a natureza da pessoa humana *in vitro* permite que a mesma seja considerada titular do direito à herança, em ambas as formas de sucessão: legítima e testamentária, pelas razões que enumeramos a seguir:

1ª) Toda pessoa humana será – na condição de herdeira – convocada a suceder o *de cujus* por imposição da lei ou por instituição da vontade.

2ª) Independentemente de relação de parentesco, a pessoa humana *in vitro* poderá ser beneficiada por meio de legado – seja referente a um bem específico ou a um direito constituído por ato de disposição de última vontade, como, por exemplo, nos casos de legado de alimentos ou usufruto.

Percebemos esta hipótese com grande plausibilidade nos casos de inseminação artificial heteróloga, realizada com sêmen ou óvulo de terceiro, estranho à relação conjugal ou de convivência. O doador abdica da relação de maternidade ou paternidade nessas situações, mas pode ocorrer que, em face da proximidade da morte, venha a instituir por legado um determinado bem, em prol da pessoa que ajudou a conceber, por meio da doação de gametas.

Ressaltamos que, apesar do vínculo genético, por força do art. 1.597, inexiste nesses casos vinculação de parentesco, já que a lei atribui a presunção de paternidade ao marido ou convivente da mulher que teve em seu útero o embrião implantado.

Sobre o tema assim se pronuncia Mônica Aguiar:

---

209 Sobre o tema ver a evolução histórica do mesmo em Adolfo Bolognesi. *La successione dei nascituri non concepiti nel Diritto italiando vigente.* Bologna: Zanichelli, 1905.

> "Ademais, forçoso é reconhecer que a presunção de paternidade concernente ao uso, a qualquer tempo de embriões excedentários, traz imediata violação à regra constitucional da isonomia de direitos entre homens e mulheres, haja vista que se dirige apenas à filiação *a patre*, a proteger tão-somente a viúva.
> Ao não prever idêntica regra para a fixação da maternidade, o legislador infraconstitucional impede ao viúvo o exercício de idêntico direito de emprego de embriões sobrantes, haja vista que, nesse caso, teria o pai que se valer de uma mulher para exercer o papel de mãe portadora, e que seria reconhecida, pelo parto, como mãe da criança, a míngua de expresso regramento para a presunção referente à maternidade.
> Prudente, pois, a supressão do inciso III do art. 1.597 do Código Civil"[210].

No primeiro momento, após constatarmos a atecnia do inciso III, do art. 1.597, pela ausência de respeito ao princípio da igualdade conjugal, conforme prevê o art. 226, § 5°, da Constituição Federal, compreendemos que apesar da falha lacunosa quanto à previsão da posição de equiparação com relação ao viúvo, enquanto não houver a expulsão da norma inconstitucional do sistema a mesma continuará em vigor.

Sendo assim, defendemos a realização – pelo juiz da causa – da chamada integração, o que acarretaria na correção do equívoco legislativo (até que seja realizada a retirada da respectiva norma do sistema legislativo brasileiro) no caso sob *judice*. Evitando dessa maneira, o desrespeito ao mencionado dispositivo constitucional.

Compreendemos, no entanto, a possibilidade de a falecida, por testamento, codicilo ou escritura pública, ter realizado o reconhecimento de maternidade com fundamento nos arts. 1.609 do CC e 26 do ECA, inclusive anexando laudo com diagnóstico que comprove a maternidade genética[211], na hipótese de ser a falecida doadora do gameta feminino que deu surgimento ao ser humano *in vitro*; o que juridicamente impediria a mãe de substituição pleitear a maternidade da pessoa implantada em seu útero.

3ª) Com o fulcro no Enunciado de n. 267 do Conselho da Justiça Federal, aprovado na *III Jornada de Direito Civil*: "A regra do art. 1.798 do Código Civil deve ser estendida aos embriões formados mediante o uso de técnicas de reprodução assistida, abrangendo, assim, a vocação hereditária da pessoa humana a nascer cujos efeitos patrimoniais se submetem às regras previstas para a petição da herança"[212]. Ora, apenas herdeiros podem usar a ação de petição de herança, com o objetivo de

---

210 Mônica Aguiar. *Direito à filiação e bioética*. Rio de Janeiro: Forense, 2005. p. 118.

211 Jorge Alberto Alvarez-Díaz. Diagnóstico genético preimplantación (PGD) y selección de sexo. In: *Gaceta médica*. México, 138(2), p. 209-210, mar-abr, 2002.
Artur Dzik; Edecio Armbruster Moraes; José Aristodemo Pinotti; Marcelo Zugaib. Diagnóstico genético pré-implantacional/Polymerase chain reaction (PCR), fluorescence in situ hybridization (FISH) and primed in situ (PRINS). In: *Rev. ginecologia e obstetricia*. Brasil, 10 (4), p. 227-229, out.-dez., 1999.

212 Maria Helena Diniz. *Curso de direito civil brasileiro:* cit., v. 6, p. 47.

pleitear o seu quinhão hereditário[213]. Sendo assim, o presente enunciado reconhece a titularidade do ser humano *in vitro* com relação aos direitos sucessórios.

4ª) Pela exegese dos arts. 1.798 e 1.799, onde entendemos que a proteção ao direito sucessório do ser humano *in vitro* está contemplada, pois para a legitimação sucessória a lei civil fala em concepção, além de outorgar direito sucessório – nos casos de sucessão testamentária – à pessoa inexistente no momento da abertura da sucessão.

5ª) Pela questão da responsabilidade inerente aos pais com relação aos filhos, sem qualquer distinção com relação à forma de sua concepção, conforme predispõem os arts. 1.566, IV, e 1.634 do Código Civil, em vigor; arts. 20 e 21 do ECA; art. 227, § 6°, da Constituição Federal, o art. 1°, §§ 2° e 4°, da Convenção Americana de Direitos Humanos[214296A] (Pacto de San José da Costa Rica)[215].

6ª) Pelo reconhecimento de direito sucessório ao nascituro, o que de forma extensiva aplicamos por analogia à pessoa humana em situação de laboratório[216],

---

213 EMENTA: APELAÇÃO CÍVEL. AÇÃO DE RECONHECIMENTO DE PATERNIDADE E MATERNIDADE SOCIOAFETIVA CUMULADA COM PETIÇÃO DE HERANÇA. CRIANÇA QUE, COM POUCO MAIS DE DOIS ANOS DE IDADE FOI DADA PARA CRIAÇÃO EM OUTRA FAMÍLIA, DESVINCULANDO-SE DA FAMÍLIA BIOLÓGICA. PRETENSÃO AO RECONHECIMENTO DA FILIAÇÃO SÓCIOAFETIVA. INADMISSIBILIDADE. O VÍNCULO AFETIVO SÓ PODE CONFERIR EFEITO JURÍDICO QUANDO ESPONTÂNEO, VOLUNTARIAMENTE ASSUMIDO. HIPÓTESE TÍPICA DE ¿FILHO DE CRIAÇÃO¿, NÃO ADOTADO QUANDO AINDA EM VIDA O DE CUJUS. CARÊNCIA DA AÇÃO INTERPOSTA. RECURSO DESPROVIDO, AINDA QUE POR OUTRAS RAZÕES. (Apelação Cível N° 70019810704, Sétima Câmara Cível, Tribunal de Justiça do RS, Relator: Ricardo Raupp Ruschel, Julgado em 27/06/2007)

214 296A Convenção Americana de Direitos Humanos:
Art. 1° - Obrigação de respeitar os direitos, § 2 Para efeitos desta Convenção, pessoa é todo ser humano.
Art. 4° Direito à vida § 1 Toda pessoa tem o direito de que se respeite sua vida. Esse direito deve ser protegido pela lei e, em geral, desde o momento da concepção. Ninguém pode ser privado da vida arbitrariamente.

215 Quanto à eficácia dos tratados internacionais, eis a lição de Flávia Piovesan (Flávia Piovesan. *Direitos humanos e o direito constitucional internacional.* São Paulo: Max Limonad, 2002. p. 75-76): "Ora, ao prescrever que' os direitos e garantias expressos na Constituição não excluem outros direitos decorrentes dos tratados internacionais', a *contrario sensu*, a Carta de 1988 está a incluir, no catálogo de direitos constitucionalmente protegidos, os direitos enunciados nos tratados internacionais em que o Brasil seja parte. Este processo de inclusão implica na incorporação pelo texto constitucional destes direitos. Ao efetuar tal incorporação, a Carta está a atribuir aos direitos internacionais uma hierarquia especial e diferenciada, qual seja, a hierarquia de norma constitucional. Os direitos enunciados nos tratados de direitos humanos de que o Brasil é parte integram, portanto, o elenco dos direitos constitucionalmente consagrados. Esta conclusão advém ainda de interpretação sistemática e teleológica do texto, especialmente em face da força expansiva dos valores da dignidade humana e dos direitos fundamentais, como parâmetros axiológicos a orientar a compreensão do fenômeno constitucional" .

216 No tocante à sucessão, o direito resguarda os interesses do nascituro de forma expressa, já que a segunda parte do art. 1.798 do CC é precisa nessa proteção. No entanto, o recebimento do quinhão hereditário fica à mercê do nascimento com vida, o que temos é a reserva legal da quota a que o nascituro terá direito – caso venha a nascer com vida. Se vier a óbito, o quinhão que lhe caberia será revertido em benefício do monte partível.

pois, entendemos, que ambos são momentos distintos do mesmo ser: a pessoa humana[217]. Segundo leciona Maria Helena Diniz, o herdeiro precisa pertencer à espécie humana, dado que só o homem e as pessoas jurídicas por causa dos homens podem adquirir *causa mortis*[218].

Por outro lado, é bem-estruturada a crítica à sucessão do ser humano *in vitro*. Encontramos uma síntese dessa crítica na doutrina de José de Oliveira Ascensão:

> "Para além desta problemática familiar, a crio-preservação de gametas e embriões tem vastas conseqüências no domínio sucessório. É um campo praticamente inexplorado. (...) Imaginemos que se faz prova da derivação biológica, nos termos anteriormente expostos, de um ser nascido mais de 300 dias após o falecimento do *de cujus* – quer resulte de crio-preservação de gametas, quer de embriões. É filho. Mas é herdeiro?
>
> Têm capacidade sucessória as pessoas concebidas ao tempo da abertura da sucessão. O que exclui imediatamente aqueles que só depois venham à existência, através de fecundação realizada mediante espermatozóides crio-preservados.
>
> Por outro lado, a lei admite a sucessão de nascituros. Mas o nascimento deve ocorrer dentro de 300 dias. O que significa que mesmo o nascido de embrião já existente não pode suceder, se o nascimento se der mais de 300 dias após a abertura da sucessão.

Com base em tal construção legal e jurisprudencial, defendemos a equiparação no tratamento referente à situação do ser humano *in vitro*, pois concordamos que o contrário atenta contra princípios constitucionais, causando a violação, por exemplo, do princípio da dignidade da pessoa humana – por desprezar a condição jurídica da pessoa humana em situação de laboratório; do princípio de respeito à vida – por menosprezar as necessidades do ser humano *in vitro*; resguardar, nestes casos os interesses do ser humano *in vitro*, preservando a sua integridade, antes de qualquer coisa é assegurar o direito à vida desde do início (concepção), permitindo o mais essencial de todos os direitos – o direito de nascer; além de violar também o princípio da igualdade entre os filhos – já que o filho implantado em útero juridicamente teria mais relevância do que o outro filho, que se encontra crio-preservado; o princípio da paternidade responsável – já que invalidaria a responsabilidade – inclusive a patrimonial – decorrente da relação de filiação.

Em respeito aos princípios constitucionais, defendemos a aplicação por analogia da lei civil nas hipóteses de sucessão hereditária referente ao nascituro também à pessoa humana em situação de laboratório. Já que em nosso entendimento entre o nascituro e o embrião humano as dissemelhanças são circunstanciais, enquanto as semelhanças são imensas.

217 Para Karl Larenz (Karl Larenz. *Derecho civil parte general*. Trad. Miguel Izquierdo y Macías-Picavea. Madrid: Editorial de Derecho privado, 1978. p. 11), esta sucessão existe, mas é fruto da ficção jurídica, conforme nos ensina: Se a lei aplicar rigorosamente o princípio de que o filho no útero da mãe não é considerado juridicamente capaz, aquele, em consideração ao princípio legal do art. 1.923, n. 1, tampouco poderia herdar do seu pai, se esta falecesse antes do seu nascimento, mesmo que nascesse com vida. A fim de evitar este resultado, certamente inadequado, a lei se serve de uma **ficção**: segundo o art. 1.923, n. 2, em respeito à sucessão hereditária, será considerado como nascido antes da abertura da sucessão o filho já concebido ao tempo da morte e que posteriormente veio a nascer com vida. Isso significa que com base no art. 1.922, n. 2, a herança passa a sucessão do nascituro ainda não nascido, porém já concebido.

218 Maria Helena Diniz. *Curso de direito civil* brasileiro: direito das sucessões, 21. ed., São Paulo: Saraiva, 2007, v. 6, p. 49.

A resposta a nosso ver é negativa. Toda a estrutura da sucessão está arquitetada tendo em vista um desenlace da situação a curto prazo. Se se admitisse a relevância sucessória destas situações nunca seria praticamente possível a fixação de herdeiros e o esclarecimento das situações sucessórias. E a partilha que porventura se fizesse estaria indefinidamente sujeita a ser alterada.
Diríamos assim, que a estrutura atual da relação sucessória não permite atribuir, na sucessão legítima, conseqüências sucessórias ao nexo de filiação que porventura venha a ser tardiamente estabelecido".

E continua o autor português a presente análise, agora com relação à sucessão testamentária:

> "Nos termos do art. 1.717 do C. Civ[219]., podem suceder por testamento as pessoas existentes ao tempo da morte do testador. Entre essas pessoas se contam os nascituros já concebidos.
> E ainda podem suceder os nascituros não concebidos (art.1.718), se a disposição do testador se referir à prole eventual de pessoa por ele designadas e existentes ao abrir-se a sucessão.
> Esta previsão abrangerá o ser nascido posteriormente em conseqüência de crio-preservação de gametas do próprio testador?
> Literalmente não abrange. O que a lei prevê é a designação de filhos de outras pessoas existentes ao abrir-se a sucessão, não de filhos do testador".[220]

Porquanto, por todos os argumentos supramencionados ressaltamos a condição de herdeira da pessoa humana *in vitro* e a sua conseqüente legitimação para suceder a título universal ou singular, por força da lei ou por disposição de última vontade, em outras palavras, como herdeira legítima ou legatária – beneficiada pela indicação de bem individualizado ou por quinhão hereditário estipulado pela lei, pelos motivos que enumeramos a seguir.

A questão que primeiramente deve ser abordada é a que se refere a filiação. O antigo Código Civil calava sobre o assunto. Até porque nos idos de 1900 não existiam as técnicas para a ocorrência de reprodução assistida.

Entretanto, a previsão legal do art. 1.597 é de suma pertinência, visto que a inseminação artificial, na atualidade, é uma realidade cada vez mais presente no campo da procriação humana. Considerada tal assertiva como verdadeira, não restam dúvidas de que o novo diploma civil iniciou o precedente da proteção à filiação oriunda de reprodução assistida, a qualquer tempo quando proveniente de inseminação artificial homóloga e com fulcro no consentimento quando na

---

219 Os artigos legais aqui mencionados por José de Oliveira Ascensão se referem ao diploma legal de 1916, em vigor na época da elaboração do presente artigo. Em tempo, os seus respectivos conteúdos, com algumas alterações, estão contemplados nos dispositivo do art. 1.799, I, do Código Civil de 2002.

220 José de Oliveira Ascensão. Problemas jurídicos da procriação assistida. In: *Revista Forense*, cit., p. 78-79.

hipótese de inseminação artificial heteróloga, passando, portanto, a reconhecer a filiação da pessoa humana *in vitro*[221].

Quanto à legitimação para suceder, justificamos tal capacidade sucessória no reconhecimento da filiação e no impedimento de distinção entre os filhos, conforme prevê a Carta Magna em seu art. 227, § 6°. A configuração da ilegitimidade para suceder do ser humano *in vitro* é a flagrante violação ao preceito constitucional mencionado e ao respectivo princípio da igualdade entre os filhos.

O reconhecimento da filiação, mas com a recusa – injustificada – em considerar a pessoa humana *in vitro* como herdeira, gera uma filiação imperfeita, ou seja, filhos de segunda categoria, que não podem pleitear a herança paterna ou materna, descaracterizando, portanto, um dos efeitos da filiação.

Importa sim, considerarmos que, além de a herança ser o subsídio à manutenção e garantia da subsistência da prole, constitui um elo de vinculação, pois herda quem sucede, e o faz nesta hipótese, por descender de outrem.

No que tange a indefinição da partilha, acreditamos ser indevida tal argumentação com o propósito de evitar a legitimação da pessoa humana *in vitro* na sucessão do *de cujus*; uma vez que é cabível a anulação da partilha, no caso de nascimento posterior à mesma de filho nascido *post mortem*, apesar de concebido antes da abertura da sucessão. O que, no entanto, não impediria a ocorrência de prejuízos ao filho nascido posteriormente que poderia vir a receber apenas o remanescente da herança paterna ou materna.

Quanto à sucessão testamentária e a concepção de que a expressão 'prole futura' se refere tão-somente aos filhos de outra pessoa – que não sejam do testador – enquanto os filhos do testador, concebidos antes da abertura da sucessão, mas nascidos após o seu falecimento – superando o prazo dos 300 dias – estariam, em tese, sem legitimação para suceder, defendemos outra posição, já que entendemos ser incabível a admissão de cláusula que beneficie pessoa futura que não é filho do testador, mas que a lei impeça o benefício ao próprio filho do falecido.

A nosso ver, a ausência normativa – pois inexiste norma especial que verse especificamente sobre a matéria da sucessão do ser humano *in vitro* – não inviabiliza a

---

221 **EMENTA:** APELAÇÃO CÍVEL. AÇÃO NEGATÓRIA DE PATERNIDADE. VÍCIO DE CONSENTIMENTO NO ATO REGISTRAL QUE INDICA O AUTOR COMO PAI DA CRIANÇA. AUSÊNCIA DE COMPROVAÇÃO. O ato de reconhecimento de filho é irrevogável (art. 1° da Lei n° 8.560/92 e art. 1.609 do CCB), e a anulação do registro, para ser admitida, deve ser cabalmente demonstrada como oriunda de vício do ato jurídico (coação, erro, dolo, simulação ou fraude). REVELIA. A revelia não leva à presunção de veracidade dos fatos narrados na inicial de forma absoluta. Ainda que ausente contestação da parte requerida, busca o Juízo a verdade real traduzida nos autos. PATERNIDADE SÓCIO-AFETIVA. Incontroversa a inexistência de vínculo biológico entre as partes e, havendo indícios de relação afetiva entre ambos, até pelo tempo transcorrido entre o **reconhecimento da paternidade** e o ajuizamento da ação, onde o autor permaneceu alcançando alimentos à filha, impõe-se decidir em benefício da requerida. RECURSO DESPROVIDO. (Apelação Cível N° 70019535293, Sétima Câmara Cível, Tribunal de Justiça do RS, Relator: Ricardo Raupp Ruschel, Julgado em 27/06/2007).

sucessão testamentária com relação ao próprio filho futuro do testador. Em outras palavras, o *de cujus* poderá testar em favor da sua própria prole futura, uma vez que defendemos a aplicação por analogia do conteúdo do art. 1.799, I, do Código Civil em vigor. Até porque há muita contradição em assegurar a sucessão de filho alheio, mas recusar a hipótese de sucessão do próprio filho do testador.

Nada obsta, por exemplo, que o testador indique como herdeiro testamentário, por exemplo, os filhos nascidos da sua mulher, após a sua morte, por meio da implantação de embrião concebido com seu próprio material genético.

Ressaltamos que nesses casos é indispensável o consentimento para a inseminação, ou seja, a concordância do marido em ceder material fertilizante para ser usado na fecundação do óvulo de sua mulher com o propósito de assegurar o nascimento da prole do casal[222].

Levando - sempre - em consideração que o testamento é um ato de vontade do falecido, é instrumento competente para assegurar direito sucessório do ser humano *in vitro.*

3.1 Da sucessão em geral

Deparamo-nos no presente momento com a imprescindível necessidade de adentrar na análise geral do Direito das Sucessões como alicerce para compreender a natureza e aplicabilidade da proteção jurídica aos direitos sucessórios do ser humano *in vitro.*

Com esse propósito trabalharemos com os conceitos e principais aspectos da sucessão no direito brasileiro, destacando as espécies de sucessões, a classificação dos herdeiros e as respectivas distinções, assim como as liberdades que o autor da herança tem para dispor da sucessão, a preferência que uns herdeiros têm sobre outros, levando em consideração a dimensão dos assuntos ora abordados e sua

---

222 Sobre o assunto é o enunciado de n. 106 da I Jornada de Direito Civil do Centro de Estudos Judiciários: "para que seja presumida a paternidade do marido falecido, será obrigatório que a mulher, ao se submeter a uma das técnicas de reprodução assistida com material genético do marido falecido, esteja na condição de viúva, sendo obrigatória, ainda, que haja autorização escrita do marido para que se utilize seu material genético após a sua morte".

Em que pese os argumentos tecidos no presente enunciado, se faz necessário analisarmos mais detalhadamente o seu conteúdo, o material genético masculino ou feminino não pode ser usado sem prévia autorização do seu fornecedor. Todavia, acreditamos que o tratamento concedido ao embrião concebido deve ser distinto, pois o mesmo não pertence nem a mãe, muito menos ao pai – apesar de ser concebido com a fusão dos gametas masculino e feminino – uma vez que trata-se de pessoa humana com código genético próprio, sendo assim em nome do seus interesses e, principalmente em respeito à vida do ser humano *in vitro*, o nascimento do mesmo é questão prioritária. A vontade do pai – mesmo que falecido – foi exteriorizada, em nosso entendimento, quando o mesmo concordou com a concepção por meio de técnica de reprodução assistida, não cabendo a revogação da sua vontade, para impedir o nascimento da pessoa concebida. Ressaltamos que o presente enunciado não atende ao princípio do art. 1.597 do CC, pois apenas aceita a inseminação artificial *post mortem* quando se refere a viúva, deixando de lado a questão da convivente sobrevivente.

profundidade – de antemão ressaltamos que serão tratados apenas quanto a suas generalidades.

Antes de esboçarmos maiores considerações sobre o tema é indispensável que nos debrucemos sobre o sentido da palavra suceder. Suceder tem o sentido genérico de virem os fatos e fenômenos jurídicos "uns depois dos outros" (*sub* + *cedere*). Sucessão é a respectiva seqüência[223].

No vocabulário jurídico, toma-se a palavra na acepção própria de uma pessoa inserir-se na titularidade de uma relação jurídica que lhe advém de outra pessoa, e, por metonímia, a própria transferência de direitos, de uma a outra pessoa[224].

Concepção idêntica tem Guilherme Calmon Nogueira da Gama, pois ensina que sucessão, em sentido amplo, significa o ato pelo qual alguém assume o lugar de outra pessoa, passando a ocupar a posição jurídica que anteriormente era daquele que deixou de integrar a relação jurídica[225].

Suceder alguém produz o imediato efeito da transferência de direitos, sejam aqueles de cunho patrimonial, sejam os de cunho meramente moral. Estes últimos são transferidos com reserva, pois é impossível a sua transferência integral, visto que apenas alguns direitos da personalidade poderão ser exercidos por terceiros que não sejam o próprio titular. Verifica-se esta impossibilidade, por exemplo, no tocante ao direito à vida, já que seria impossível que outrem o exercesse pelo titular já falecido. Todavia, percebe-se a hipótese de a transferência da exploração pecuniária dos direitos autorais, assim como dos direitos referentes ao corpo morto, ao luto, à cerimônia fúnebre e funeral, ser essencialmente exercida por terceiros.

Sobre o assunto Ney de Mello Almada entende que "nem todos os direitos figuram no patrimônio sucessível, dele se apartando os direitos de personalidade, os personalíssimos e os de família puros, por não se revestirem de índole econômica. De outro ângulo, tem-se que o conteúdo jurídico do patrimônio é polifacetado, compreendendo domínio, posse, direitos reais outros, direitos obrigacionais, relações econômicas do direito de família, direito à sucessão aberta, direitos intelectuais de efeito econômico, direitos creditórios decorrentes das relações estatutárias de emprego junto às pessoas jurídicas de direito público e do emprego particular, direitos oriundos das perdas e danos decorrentes de atos ilícitos, direitos econômicos sujeitos à condição ou termo, expectativas de direito, além das ações e remédios judiciais que tutelam cada qual desses direitos.

O ativo patrimonial de alguém, continua o autor, é constituído pelos bens próprios, na acepção de coisas móveis, imóveis, simples, compostas, universais, divisíveis e indivisíveis, fungíveis e não fungíveis, tangíveis ou não, incluindo-se, ainda, aqueles afetados por inalienabilidade. Tudo, enfim, suscetível de valoração

---

223 Cf. lição de Caio Mário da Silva Pereira. *Instituições de Direito Civil*: direito das sucessões, 15. ed., Rio de Janeiro: Forense, 2004. v. VI, p. 1.

224 Cf. lição de Caio Mário da Silva Pereira. *Instituições de Direito Civil*, cit., v. VI, p. 1.

225 Guilherme Calmon Nogueira da Gama. *Direito civil:* sucessões. 2. ed. São Paulo: Atlas, 2007. p. 3.

econômica, e que, com seus elementos ativos e passivos, pertencem a determinado titular, singularmente ou em comunhão"[226].

É um equívoco atribuirmos à sucessão a idéia de falecimento, já que a mesma pode se dar por ato *inter vivos*, pois é o que ocorre nas relações obrigacionais, como compra e venda, troca e doação, em que o antigo proprietário transfere a título oneroso ou gratuito a titularidade de domínio para o adquirente, passando este último a ser considerado proprietário por meio dos atos de transferência[227].

Vislumbramos, ainda nas relações obrigacionais, a ocorrência de sucessão na cessão de crédito e na assunção de dívidas, em que os sujeitos da relação obrigacional são substituídos, permitindo por meio dessa substituição a continuidade das ditas relações[228].

Até mesmo na relação conjugal é possível a ocorrência de sucessão, como, por exemplo, nos casos de matrimônio celebrado sob o regime da comunhão universal, em que ambos os consortes serão meeiros do patrimônio adquirido antes da celebração do casamento, assim como dos bens adquiridos na constância do casamento[229].

A sucessão *hereditária,* por sua vez, é o modo de adquirir, a título universal ou singular, bens e direitos que passam de um sujeito que morre aos que lhe sucedem, isto é, passam a ocupar a sua situação jurídica[230].

Na doutrina de Galvão Telles, na sucessão *mortis causa,* "o facto que a determina é a morte do sujeito; é a morte que funciona como causa de efeito translativo"[231].

Conforme preceitua Itabaiana de Oliveira, "a sucessão está fundada na idéia de permanência de uma relação de direito que perdura e subsiste a despeito dos respectivos titulares"[232].

Sobre a sucessão hereditária e seus efeitos, assim se manifesta Eduardo Oliveira Leite:

> "Com efeito, e como'direito da mortalidade' o Livro do Direito das Sucessões reveste-se de fundamental importância, na medida em que a entre a vida e a morte se decide todo o complexo destino da condição humana. E a morte, como término da efêmera existência do homem, se reveste de transcendental

---

226 Ney de Mello Almada. *Sucessões. Legítima – Testamentária – Inventário e Partilha.* São Paulo: Malheiros, 2006. p. 26.

227 No direito brasileiro a transferência de bens móveis ocorre por meio da tradição, a mera entrega da coisa a ser transferida, salvo nos casos em que a coisa é registrável. Nestes casos o direito determina que se proceda como se fosse imóvel. Em outras palavras os bens imóveis, ou os móveis registráveis são transferidos por meio de transcrição de escritura pública no órgão competente.

228 Sobre a matéria ver João de Matos Varela. *Das obrigações em geral.* 9. ed. Coimbra: Almedina, 1997. v. II. 2ª Reimpressão da 7ª ed. Coimbra: Almedina.

229 Cf. Caio Mário da Silva Pereira. *Instituições de direito civil,* cit., v. VI, p. 3.

230 No mesmo sentido ver Caio Mário da Silva Pereira. *Instituições de direito civil,* cit., v. VI, p. 3.

231 Inocêncio Galvão Telles. *Direito das sucessões.* 6. ed. Coimbra: Coimbra, 1991. p. 25.

232 Itabaiana de Oliveira. *Tratado de direito das sucessões.* 5. ed. Rio de Janeiro: Freitas Bastos, 1987. p. 28.

> importância porque determina o termo final de todos os sonhos, expectativas e projetos da pessoa quer no plano fático, quer no jurídico.
> Vida e morte. O mero invocar desse abissal limite, gerador de alegria e horror, sempre despertou na humanidade as mais vivas reações exatamente porque neste cenário irremediavelmente temporal e finito se esgota a grandeza e falência do poder humano. E a tão só consideração desta díade é suficiente para nos fazer compreender a importância do Direito das Sucessões que, em mágica alquimia procura projetar para além da morte a vontade do sujeito de direito, como se fosse possível estender a imortalidade através do patrimônio e da divisão de bens"[233].

Como nos assegura José de Oliveira Ascensão, "a morte, como fenômeno definitivo e irreversível, é causa de descontinuidade na vida social.

Nas relações intrapessoais há um epílogo.

Nas relações institucionais, nomeadamente familiares, há um hiato, que se procura de diversas maneiras colmatar.

No plano das relações patrimoniais há uma interrupção, de que podem sofrer inclusivamente todos os terceiros que mantinham laços jurídicos com o autor da sucessão.

Mas a vida social exige continuidade. Não suporta imobilismos; e mesmo aos abalos periódicos que a sacodem reage através da adopção sub-rogatória de fórmulas de continuidade.

O direito das sucessões realiza a finalidade institucional de dar continuidade possível ao descontínuo causado pela morte"[234].

O aparecimento do direito sucessório remonta a evolução do Estado organizado, das relações familiares, do surgimento da propriedade privada, pois sem bens materiais a serem transferidos dificilmente seria aceitável a ocorrência de sucessão. E o porquê de transferir bens, se não for para a proteção dos entes familiares, ou de entes queridos que não são da família, mas que tiveram por parte do *de cujus* essa proteção patrimonial, por meio de disposição testamentária?

Para compreendermos a transferência *mortis causa* e suas especificidades, é importante ressaltarmos a lição de Diogo Leite de Campos, que assim dispõe:

> "Por morte do titular dos direitos e obrigações, há a necessidade socialmente sentida de que aqueles e estas "adquiram" um novo titular; caso contrário, as coisas, sem proprietário, transformar-se-iam em "res nullius", sujeitas à apropriação do primeiro que as ocupasse; os créditos extinguir-se-iam, bem como as obrigações. A ordenação dos bens, o comércio jurídico, a própria ordem social estariam sujeitos a constantes rupturas e perturbações"[235].

---

233 Eduardo Oliveira Leite. *Comentários ao novo Código Civil: direito das sucessões (arts. 1.784 a 2.027).* Rio de Janeiro: Forense, 2003. v. XXI, p. XIV.

234 José de Oliveira Ascensão. *Direito civil – Sucessões.* 5. ed. revista. Lisboa: Coimbra, 2000. p. 11.

235 Diogo Leite de Campos. *Lições de direito da família e das sucessões.* 2. ed. revista e atualizada. Coimbra: Almedina, 2005. p. 445.

Em outras palavras, é a impossibilidade que um patrimônio sofra as agruras com a vacância da titularidade do domínio, que o direito sucessório impõe a transferência dos bens que integram a herança imediatamente para os herdeiros, conforme diretrizes do chamado princípio da *saisine*[236].

Sobre o tema, relevante é a lição de Washington de Barros Monteiro, ao profetizar que, desde o óbito, sem solução de continuidade, opera-se a transmissão da herança, ainda que os herdeiros ignorem o fato do falecimento. Antes da morte o titular da relação jurídica é o *de cujus*; depois dela, passa a ser o herdeiro, legítimo ou testamentário. E é o próprio defunto que investe o sucessor no domínio e posse dos bens hereditários. Esse princípio vem expresso na regra tradicional do direito gaulês *le mort saisit le vif*. Quer dizer, instantaneamente, independentemente de qualquer formalidade, logo que se abre a sucessão, investe-se o herdeiro no domínio e posse dos bens constantes do acervo hereditário. Dessa máxima *le mort saisit le vif* surgiu o termo *saisine*, e, pois, *saesina juris*, pelos quais os velhos práticos assinalavam a transmissão da herança[237].

Em síntese, ensina Guilherme Calmon N. da Gama, "o direito das sucessões na civilização ocidental no curso dos tempos se assentou nos mesmos princípios e regras que justificam o direito de propriedade individual, além de se basear, também, em fundamentos e valores relacionados à família juridicamente tutelada pelo ordenamento jurídico. Daí o íntimo nexo entre o direito das sucessões e os direitos reais, e o direito das sucessões e o direito de família. A própria noção da perpetuidade da propriedade somente pode ser perfeitamente compreendida no contexto do direito das sucessões e do direito de família. Ou seja: a propriedade é perpétua, porquanto tem como ser conservada na família em que o bem passou a pertencer e, como se espera que haja a perpetuação da existência da família nas gerações seguintes, a propriedade nunca desaparecerá"[238].

No Código Civil brasileiro, a proteção da família em face do direito das sucessões se revestiu de tamanha precaução, levando o legislador pátrio a enumerar os membros da família que sucederão o falecido, no caso de inexistência de testamento. Entretanto, quis o legislador que – mesmo nos casos em que houvesse testamento – a família estivesse protegida, impondo essa proteção por meio da reserva hereditária, que consiste na hipótese de o testador dispor de apenas metade do seu patrimônio para realizar liberalidades ou instituir legados, enquanto a outra, fosse destinada aos herdeiros necessários.

Segundo leciona Guilherme Calmon N. da Gama, o diploma civil traz em seu bojo a proteção da família do autor da sucessão, cumprindo estritamente o disposto no art. 226, *caput*, da Constituição Federal, no sentido de o Estado tutelar

---

236 Sobre o tema ver também: Carlos Roberto Gonçalves. *Direito civil brasileiro:* direito das sucessões. São Paulo: Saraiva, 2007. v. 7, p. 15.

237 Washington de Barros Monteiro. *Curso de direito civil:* direito das sucessões. 35. ed. ver. e atualizada por Ana Cristina de Barros Monteiro França Pinto. São Paulo: Saraiva, 2003. v. 6, p. 14.

238 Guilherme Calmon Nogueira da Gama. *Direito civil:* sucessões, cit., p. 5.

especialmente as famílias constitucionais e, entre elas, as relacionadas à conjugalidade (em virtude do casamento e de companherismo) e à monoparentalidade. Desse modo, o princípio da autonomia da vontade do testador sofre maiores restrições comparativamente ao sistema existente no período de vigência do Código Civil de 1916[239].

Visualizamos uma grande inovação realizada pelo novo diploma civil, no que tange a relevância dada a sucessão legítima, aquela oriunda da lei, decorrente do fato de o falecido abdicar da realização de ato de última vontade. Prova disso foi que em seu art. 1.786[240], inverteu a ordem de previsão determinando que primeiro a sucessão será regulada por lei, mas nos casos em que houver testamento o autor da herança deverá respeitar a reserva legal em favor dos herdeiros legítimos, vindo, portanto, a só mencionar a sucessão testamentária depois da legítima.

Conforme nos ensinam Rosa Maria de Andrade Nery e Nelson Nery Júnior, o regime atual é mais técnico e correto porque, quando há testamento, deve ser obedecida pelo testador a reserva da parte legítima, donde se autoriza a conclusão de que em primeiro lugar impõe-se a obediência aos critérios da sucessão legal e, no que sobejar a legítima, pode dar-se a sucessão por disposição de última vontade. Observadas essas regras, podem conviver harmônica e simultaneamente as sucessões legítima e testamentária. Quando não há testamento, a sucessão ocorre somente em virtude da lei – sucessão legal *ab intestato*[241] –, em outras palavras, aquela que, realizada em conformidade com a lei, pela ausência de testamento, irá regular a sucessão hereditária do falecido.

a) Espécies de sucessão

Em síntese sobre o assunto, Carlos Roberto Gonçalves leciona que, quando se dá em virtude da lei, denomina-se *sucessão legítima*; quando decorre de manifestação de última vontade, expressa em testamento ou codicilo, chama-se *sucessão testamentária*[242].

As espécies de sucessão estão intimamente ligadas a manifestação de vontade do *de cujus*, pois quando este silencia tacitamente admite como sendo a lei o instrumento ideal para regular a sua sucessão hereditária; mas quando ocorre o inverso, ou seja, manifesta-se expressamente sobre as condições da sua sucessão, determinando sua última vontade por instrumento próprio – testamento ou codicilo –, assumindo, desta maneira, as rédeas da transferência patrimonial decorrente do seu falecimento, foi a sua vontade que expressada determinou com seria a sua sucessão. Importante ressaltar que mesmo nos casos em que o desejo do falecido esteja formalizado em ato de última vontade, a legislação brasileira impõe diretrizes, com

---

239 Guilherme Calmon Nogueira da Gama. *Direito civil:* sucessões, cit., p. 9.

240 Preceitua o art. 1.786 do CC: "A sucessão dá-se por lei ou por disposição de última vontade".

241 Rosa Maria de Andrade Nery e Nelson Nery Júnior. *Código Civil comentado e legislação extravagante,* cit., p. 821.

242 Carlos Roberto Gonçalves. *Direito civil brasileiro,* cit., v. 7, p. 24.

a chamada reserva legitimária, que obrigam o testador a respeitar um percentual de bens – a metade do seu patrimônio – em favor dos herdeiros necessários[243].

Iniciaremos a nossa análise pela sucessão legítima, pois de fato é aquela que prepondera na maioria dos casos de sucessão em nosso país. Alguns fatores fazem com que o brasileiro tenha a sucessão legítima como regra. O primeiro diz respeito aos nossos costumes, à ausência de maiores formalidades para transmitir os bens – a não ser o próprio procedimento de inventário, seja ele judicial ou administrativo[244], a ausência de pagamentos de taxas e emolumentos cartoriais – presentes por ocasião da feitura e registro dos atos de última vontade; por fim a questão cultural intrínseca ao espírito da nossa sociedade, em que a elaboração de testamento cria no ideário popular o mau presságio da morte, inexplicavelmente, pois após o nascimento a maior de todas as certezas é a morte, já que apenas pode morrer aquele que se encontra vivo.

Logo em seguida abordaremos a chamada sucessão testamentária e seus aspectos mais relevantes, as alterações produzidas pela nova legislação e sua eficácia social, assim como a reserva legal imposta ao testador, em face da existência dos chamados herdeiros necessários.

A sucessão legítima também denominada *ab intestato* é aquela oriunda da presunção legal, pela inércia do titular de vontade que, tacitamente, por não fazer testamento concordou com a forma da transmissão patrimonial hereditária prevista por lei.

Na lição de Eduardo A. Zannoni, denomina-se sucessão intestada ou *ab intestato* aquela que opera em virtude de disposições legais, sem intervenção da vontade do autor da herança expressada em testamento válido.

Sendo, segundo o autor, verificada nas seguintes hipóteses: a) quando o autor da herança não fez testamento; b) quando, apesar de haver testamento, o testamento é ineficaz, ou seja, por ser nulo ou anulável, ou por ter sido revogado, nesse caso, por ter havido produção de caducidade das disposições testamentárias; c) quando o testamento não institui herdeiros e se limita a disposições patrimoniais particulares a título de legados; d) quando o autor da herança institui herdeiros e dispõe que estes concorram com quem tem direito legítimo; e) quando são ineficazes as disposições testamentárias que instituem os herdeiros[245].

---

243 DOAÇÃO – Anulação – Doações inoficiosas feitas por ascendentes a descendentes, ultrapassado o limite da parte disponível – Prazo prescricional de vinte anos e que se inicia com a abertura da sucessão, uma vez que antes os autores não podiam demandar por herança, faltando-lhes, destarte, interesse para agir – Inteligência do artigo 177 do Código Civil – Prescrição afastada – Sentença reformada – Recurso provido (Apelação Cível n. 247.035-4/6 – Cotia – 5ª Câmara de Direito Privado – Relator: A.C. Mathias Coltro – 30.05.07 - V.U. – Voto n. 13.343)

244 A Lei n. 11.441/2007, que alterou o art. 982 do CPC, permite a realização de inventário por escritura pública, desde que não haja testamento ou interessado incapaz – herdeiro ou legatário. Se todos os interessados forem capazes e concordes o respectivo inventário poderá ser feito por escritura pública, a qual constituirá título hábil para o registro imobiliário.

245 Eduardo A. Zannoni. *Derecho civil:* Derecho de las sucesiones. 4. ed. atual. e ampl., 1. reimpr. Buenos

Referente à legitimação para suceder – ser herdeiro de outrem –, devemos nos ater à previsão legal do dispositivo do art. 1.798 do Código Civil, que estipula como regra geral que estão legitimadas a suceder as pessoas nascidas ou concebidas no momento da abertura da sucessão[246]. Contudo, em se tratando da sucessão legítima, o legislador foi mais além, estipulando uma ordem preferencial denominada ordem de vocação hereditária, em que, em face das relações de parentesco, da proximidade do vínculo de afetividade um parente tem primazia sobre outro.

Como nos ensina Silvio Rodrigues, a ordem de vocação hereditária é a relação preferencial, estabelecida pela lei, das pessoas que são chamadas a suceder o finado. O legislador, nessa relação de pessoas, as divide em várias classes, conforme a estabelece o art. 1.829 do Código Civil[247]. A sucessão hereditária – dos chamados herdeiros legítimos – obedece, portanto, à seguinte ordem: I) aos descendentes, em concorrência com o cônjuge sobrevivente, salvo se casado este com o falecido no regime de comunhão universal, ou no da separação obrigatória de bens (art. 1.640, parágrafo único); ou se, no regime da comunhão parcial, o autor da herança não houver deixado bens particulares; II) aos ascendentes, em concorrência com o cônjuge; III) ao cônjuge sobrevivente; IV) aos colaterais[248].

Entretanto, devemos ressaltar como se dá a presente convocação para que os herdeiros assumam suas quotas hereditárias. Este chamamento, conforme vimos anteriormente, se dá por *classes*. Cada inciso do art. 1.829 diz respeito a uma classe, cuja convocação é sucessiva, uma depois da outra. Só se convocam ascendentes se não houver descendentes; por sua vez, o cônjuge sobrevivente concorre com os descendentes, com as exceções previstas no inciso I do art. 1.829;com os ascendentes, e é chamado co-exclusividade se não existirem descendentes ou ascendentes; à falta dos anteriores, convocam-se os colaterais. Uma classe tem, portanto, precedência sobre a outra[249].

Os descendentes – o que diz respeito diretamente ao cerne do presente trabalho, visto que o ser humano *in vitro* é, em regra, descendente do falecido – são os herdeiros por excelência, pela própria condição jurídica da descendência, que importa em substituir o antecessor dando continuidade, seqüência as relações jurídicas. Em outras palavras, a predominância dos descendentes sobre os demais parentes é justificada pelo desejo inerente à condição de ser humano de posteridade, continuidade de sua linhagem.

Aires: Astrea y Ricardo Depalma, 2001. t. 2, p. 4. (Tradução livre da autora.). Sobre o tema ver também Luis Díez-Picazo y Antonio Gullón. *Sistema de derecho civil.* cit., v. IV, p. 305-310.

246 Cf. Silvio Rodrigues. *Direito civil:*direito das sucessões, 25. ed. atualizada de acordo com o novo Código Civil (Lei n. 10.406, de 10-1-2002), com a colaboração de Zeno Veloso. São Paulo: Saraiva, 2002. v. 7, p. 37.

247 Cf. Silvio Rodrigues. *Direito civil,* cit., v. 7, p. 94. Sobre o tema ver também Cristiano Pereira Moraes Garcia. *O direito à herança no Novo Código Civil.* Campinas:CS Edições Ltda., 2005. p. 101-149.

248 Ver sobre o tema Maria Helena Diniz. *Curso de direito civil brasileiro,* cit., v. 6, p. 102. Silvio Rodrigues. *Direito civil,* cit., v. 7, p. 94.

249 Cf. Washington de Barros Monteiro. *Curso de direito civil,* cit., v. 6, p. 87.

Dessa maneira, também vislumbramos no direito das sucessões a proteção aos descendentes. São eles na ordem de vocação – os primeiros herdeiros a serem lembrados e convocados para suceder o falecido.

No caso dos filhos, como os descendentes mais próximos, ocupam lugar de destaque na sucessão do falecido, pois são os primeiros a serem convocados para a transmissão do acervo hereditário. Sendo este o principal fundamento do presente trabalho: a proteção do filho concebido, mas não nascido, do falecido. Desta feita se justifica que, em síntese, façamos a análise da condição sucessória do descendente na sucessão legítima.

A regra geral para a sucessão dos descendentes, pelo nosso ordenamento civil, é a divisão por cabeça. Em outras palavras, o montante correspondente ao monte-mor é dividido pelo número de descendentes – do mesmo grau – deixado pelo antecessor. Tendo, portanto, preferência os descendentes mais próximos, o que significa a seguinte ordem de predominância: filhos, netos, bisnetos, trinetos e tataranetos. Sempre um grau mais próximo excluindo o outro mais distante, conforme preceitua o art. 1.833 do Código Civil em vigor[250].

Todavia, existem casos em que parentes mais distantes são convocados para a sucessão do falecido, substituindo, assim, parentes mais próximos, nessas hipóteses estamos diante do chamado direito de representação, acontecendo, por exemplo, nos casos em que o falecido ao tempo de sua morte deixou dois filhos que o sucedem por cabeça e um filho pré-morto, que por sua vez possuía três filhos, que são convocados a participar da sucessão do avô no lugar que caberia ao pai, em detalhes, a herança do *de cujus* será dividida em três partes iguais, sendo 1/3 do patrimônio do falecido destinado aos seus netos que representam o filho previamente falecido. A sucessão dos netos – por meio de representação –, nesse caso, se deu por estirpe, enquanto a dos filhos, por cabeça.

Para Itabaiana de Oliveira a representação é uma ficção da lei e ocorre quando, morrendo o presumido herdeiro antes da abertura da sucessão em seu favor, são chamados os seus descendentes, em concorrência com os outros descendentes mais próximos do autor da herança, a ocupar o lugar do presumido herdeiro, substituindo-o e verificando-se, então, a desigualdade de graus de parentesco, para com o autor da herança, desde o momento da abertura da sucessão. Os descendentes do herdeiro *pré-morto*, nesse caso, o substituem em todos os direitos, que ele teria se vivesse. Assim, os netos representam o pai *pré-morto*, na sucessão do avô, e concorrem, em desigualdade de graus, com os tios, isto é, com os irmãos de seu pai[251].

Em suma, esta modalidade de sucessão defendida pelo direito de representação ocorre quando há a morte de um herdeiro anteriormente à abertura da sucessão. Em dadas circunstâncias, a lei – conforme dispõe o art. 1.851 do Código Civil,

---

[250] Sobre o tema ver Maria Helena Diniz. *Curso de direito civil brasileiro,* cit., v. 6, p. 107.

[251] Arthur Vasco Itabaiana de Oliveira. *Tratado de direito das sucessões.* São Paulo: Max Limonad, 1952. v. 1, p. 155-156.

chama certos parentes do falecido a suceder em todos os direitos em que ele sucederia, se vivesse. Diz-se, então, que os parentes não herdam por direito próprio, mas na qualidade de *representantes*, e a sucessão se denomina neste caso por direito de representação[252].

Sobre o direito de representação, destacamos que esse, não se opera na linha da ascendência, sendo, portanto, um privilégio outorgado aos descendentes, mas que excepcionalmente observaremos na linha colateral – apenas com relação aos sobrinhos – que serão convocados nos casos em que o *de cujus*, por ocasião do seu falecimento, não deixou nem descendentes nem ascendente que pudessem sucedê-lo, muito menos cônjuge ou convivente sobrevivente. Para tanto, ainda será necessário que o falecido tenha algum irmão pré-morto.

No entanto, se o falecido não mais possuía filhos vivos, por ocasião do seu falecimento, os seus netos são convocados a sucedê-lo, mas a divisão das quotas hereditárias se dará por cabeça, já que não teremos disputa entre graus distintos de uma mesma classe, pois todos os herdeiros são da mesma classe e graus; inexistindo, aí, representação, pois a sucessão será realizada em decorrência de direito de próprio[253].

Na hipótese de o *de cujus* possuir apenas um filho, haverá a chamada adjudicação, ou seja, o filho único, afastando todos os demais parentes, receberá a totalidade da herança.

Resta ainda analisarmos, quanto à sucessão dos descendentes, a possibilidade de concorrência sucessória com cônjuge supérstite. Iniciaremos pela modalidade de concorrência, em que os descendentes são apenas do *de cujus*, para, em seguida, procedermos com a verificação da concorrência entre o consorte viúvo e os descendentes comuns.

Não havendo descendentes de nenhum grau, são chamados a suceder o falecido os seus ascendentes. É muito simples a divisão da herança quando se trata dos ascendentes em primeiro grau, ou seja, pai e mãe. Cabendo a divisão do monte-mor em dois quinhões idênticos, destinados a cada um deles, segundo previsão do art. 1.836, §§ 1° e 2°, do Código Civil brasileiro.

Quando da ausência de descendentes – em qualquer grau –, assim como dos ascendentes, o consorte supérstite será o único herdeiro do *de cujus*, pois não haverá os demais herdeiros preferenciais para que haja concorrência. Salvo a hipótese de existência de testamento, desde que reservada a parte que lhe cabe no patrimônio do morto, o autor da herança poderá dispor da chamada parte disponível para realizar as liberalidades que melhor lhe aprouverem. Inexistindo cônjuge, os colaterais são convocados[254]. Nos casos de união estável o convivente herdará com

---

252 Cf. Caio Mário da Silva Pereira. *Instituições de direito civil.* cit., v. VI, p. 91.

253 Sobre o tema ver Maria Helena Diniz. *Curso de direito civil brasileiro,* cit., v. 6, p. 162-164.

254 Giselda Maria Fernandes Novaes Hironaka. *Comentários ao código civil: parte especial: do direito das sucessões parte especial: do direito das sucessões,* cit., v. 20, p. 243.

exclusividade apenas na ausência dos colaterais, e, por fim, o Estado sucederá o finado, após um período de jacência, onde se aguardou sem sucesso a habilitação de herdeiros. Os bens do acervo hereditário serão entregues ao ente público – para evitar a caracterização de lacuna no domínio do acervo hereditário[255].

Após as considerações acerca da sucessão legítima, nada mais justo que tenhamos a mesma preocupação com relação à sucessão testamentária, na medida em que o testamento pode ser um instrumento para assegurar os direitos sucessórios da pessoa humana em situação de laboratório. Sendo assim, nos dedicaremos a uma breve análise sobre a sucessão decorrente de disposição de última vontade.

Conforme lição de Tito Prates de Fonseca, a sucessão testamentária tem como fonte constitutiva do direito do sucessor a manifestação de vontade do disponente, que falece[256].

No mesmo sentido leciona Eduardo A. Zannoni, que define a sucessão testamentária como aquela oriunda da vontade humana manifestada em testamento válido[257].

Destaque deve ser feito no tocante aos bens testados serem obrigatoriamente do falecido por ocasião da abertura da sucessão, sob pena de invalidar o testamento. Sobre o tema Itabaiana de Oliveira traz à lume importante questão quando o herdeiro pré-morto faz testamento dispondo de bens que lhe caberiam, se vivesse para recebê-los do antecessor. Visto que esses bens não pertenceram ao seu patrimônio, o testamento do referido herdeiro nenhum efeito produz. O mesmo não se aplica ao caso de herdeiro pós-morto, pois seu testamento produz todos os efeitos relativamente aos bens que este herdou do *de cujus* e transmitiu aos seus próprios sucessores, visto estes já pertencerem ao seu patrimônio, e não mais ao patrimônio do *de cujus*[258].

Não restam dúvidas de que o testamento se caracteriza como um libelo da vontade humana, um triunfo da autonomia da vontade, contra a mera imposição legal que é a fonte da sucessão legítima[259]. Importante ressalva deve ser feita quanto às restrições, pois quis o legislador civilista – com o intuito de resguardar a família de caprichos indevidos, ou disposições maliciosas, da penúria – regular esta liberdade de testar, evitando, portanto, os excessos de liberalismo, resguardando os quinhões dos herdeiros necessários[260].

---

255 Cf. previsão do Decreto-lei n. 8.207/45, o Estado estaria obrigado a destinar as heranças vacantes às fundações de ensino universitário.

256 Tito Prates da Fonseca. *Sucessão testamentária.* São Paulo: Saraiva, 1928. p. 5.

257 Eduardo A. Zannoni. *Derecho civil:* Derecho de las sucesiones, cit., t. 2, p. 243.

258 Arthur Vasco Itabaiana de Oliveira. *Tratado de direito das sucessões*, cit., v. 1, p. 167.

259 No mesmo sentido ver Washington de Barros Monteiro. *Curso de direito civil,* cit., v. 6, p. 122.

260 A liberdade de testar está associada à liberdade de escolha quanto à forma que será adotada por ocasião da confecção do testamento, seja pela intervenção notarial – nos casos dos testamentos público e cerrado, este último também chamado de místico – ou ainda, sem que haja a necessidade de intervenção de tabelião, no caso do testamento particular também denominado ológrafo, pois pode

Apesar de o testamento ser um instrumento da autonomia da vontade, amiúde a lei regula a sua elaboração com vistas a evitar disposições contrárias aos direitos dos denominados herdeiros preferenciais, assim como aquelas que contrariem a ordem pública, os bons costumes e os princípios gerais do direito.

Sendo assim, a lei impõe ao testador o requisito da capacidade sucessória ativa – para dispor dos seus bens por ato de última vontade –, não se admitindo o testamento daqueles que não possuem discernimento, muito menos a maturidade necessária para o ato em questão (CC, arts. 1.860, §§ 3° e 4°)[261]. Visto que o ato de testar é um ato de disposição patrimonial, porquanto apenas deve ser feito por quem tem condições de praticar atos de alienação patrimonial, a única exceção feita pela nossa legislação é quanto ao relativamente incapaz – maior de dezesseis e menor de dezoito anos –, que é admitido como apto a testar por já possuir certo discernimento e maturidade.

Dessa maneira, devemos concluir que, havendo testamento válido e herdeiros necessários, forçosamente aparecem cumuladas ambas as espécies sucessórias, ou seja, a sucessão legítima e a testamentária. Essa intersecção pode ser denominada sucessão legitimária, pois ao mesmo tempo que admite a autonomia da vontade – permitindo ao autor da herança a elaboração de testamento ou codicilo – preserva os interesses dos herdeiros que foram apontados pelo legislador como especiais[262].

Como preleciona Jorge O. Azpiri, existe um chamamento imperativo que corresponde àqueles membros da família a quem a lei atribui uma fração da herança, da qual não podem ser privados salvo causa de deserdação. Estes são os herdeiros forçados ou legitimários[263].

Na mesma acepção é a doutrina de Júlio J. López del Carril, que afirma que o chamamento imperativo se apresenta quando existem herdeiros a quem a lei reserva uma fração da legítima da qual não podem ser privados sem justa causa de indignidade ou deserdação.

Este chamamento, que é puramente emanado da lei, se produz sem necessidade de que o autor da herança tenha feito em vida ou em testamento manifestação alguma nesse sentido, e com a particularidade de que o chamamento se produzirá até contra a vontade deste, que não pode opor-se a ele[264].

---

ser redigido à mão. Exige no entanto a existência de três testemunhas que atestem a veracidade dos seus termos. Ao contrário do público ou cerrado, que exigem apenas duas testemunhas.

261 No mesmo sentido ver Silvio Rodrigues. *Direito civil,* cit., v. 7, p. 150.

262 Cf. Ney de Mello Almada. *Sucessões*: legítima, testamentária, inventários e partilha, cit., p. 215.

263 Jorge O. Azpiri. *Derecho sucesorio.* 4. ed. Buenos Aires: Hamurabi, 2006. p. 60. (Tradução livre da autora.)

264 Júlio J. López del Carril. *Derecho de las sucesiones,* cit., p. 196. (Tradução livre da autora.) Sobre o tema *vide* também a lição de José de Oliveira Ascensão. *Direito civil:* sucessões, cit., p. 354; Hans Hattenhauer. *Conceptos fundamentales del derecho civil.* Barcelona: Ariel, 1987. p. 172; Orozimbo Nonato. *Estudos sobre sucessão testamentária.* Rio de Janeiro: Forense, 1957. v. I, p. 77.

O Código Civil brasileiro trata da quota dos herdeiros reservatários no art. 1.789, quando estipula que a parte da herança denominada disponível corresponde à metade. O legislador civilista quis, dessa maneira, impedir confusões decorrentes da fixação de quotas predeterminadas para os herdeiros necessários. O que a nosso ver foi o mais acertado, pois, independentemente do número de herdeiros necessários, a metade da herança correspondente a legítima será fracionada entre eles, enquanto a outra, servirá para as liberalidades do testador.

O que a lei anuncia – e por isso consta do capítulo relativo às disposições gerais – é o princípio da liberdade limitada de testar; ou, em outras palavras, havendo herdeiros necessários, a vontade do testador encontra como limite o interesse daquela categoria de herdeiros[265].

No direito brasileiro, o art. 1.789 regula a quota disponível, desenhando o arcabouço da reserva legítima, enquanto o art. 1.857, § 1°, veda a disposição, por testamento, dos bens da legítima dos herdeiros necessários. A interpretação conjunta de ambos os dispositivos cria um sistema de proteção aos herdeiros preferenciais, permitindo a coexistência da sucessão legítima e da sucessão testamentária simultaneamente[266].

Sobre o tema, Maria Helena Diniz ensina que "o testador não pode incluir a legítima dos herdeiros necessários em disposição de última vontade, pois esta apenas deverá referir-se à metade disponível. Isto é assim porque só lhe será lícito, tendo herdeiros necessários, dispor de metade de seu patrimônio, pois a outra metade pertence de pleno direito àqueles herdeiros (CC, arts. 1.789, 1845, 1.846, 1.857, § 1°, e 1.967), exceto se forem deserdados (CC, art. 1.961) ou excluídos da sucessão por indignidade. Assim o testador só poderá dispor da totalidade de seus haveres, não existindo herdeiros necessários ou legitimários (CC, art. 1.845). Da metade disponível o testador pode dispor livremente, assegurando-se aos herdeiros necessários a possibilidade de promover a ineficácia ou a redução das liberalidades que ultrapassem a meação (CC, arts. 1.966 a 1.968)"[267].

Fica definido no dispositivo do art. 1.857, § 1°, além da restrição à liberdade de testar, a seguinte questão: se o desejo do testador é fazer liberalidades com o seu patrimônio, ele primeiro deverá assegurar o seu núcleo familiar, para depois usar a parte disponível da forma que lhe for mais conveniente.

Entendemos, no que tange à existência de pessoa humana em situação de laboratório, que a sua concepção autoriza imposição de quota reservatória, por se tratar de herdeiro necessário do finado. Dessa maneira o *de cujus* que tiver concebido descendente por meio de fecundação *in vitro*, independentemente do nascimento, deverá assegurar seu quinhão hereditário, respeitando a chamada parte legítima.

---

265 No mesmo sentido é a lição de Eduardo de Oliveira Leite. *Comentários ao novo código civil: do direito das sucessões,* cit., v. XXI, p. 39-40.

266 Cf. lição de Eduardo de Oliveira Leite. *Comentários ao novo código civil: do direito das sucessões,* cit., p. 46

267 Maria Helena Diniz. *Código civil anotado,* cit., p. 1514-1515.

A proteção à família, por meio da reserva hereditária, encontra suas raízes fincadas na constitucionalização do direito civil, pois, se a pretensão da sucessão legitimária é resguardar a família, está, portanto, em consonância com o dispositivo constitucional do art. 226, *caput,* da Constituição Federal. Compreendemos, todavia, que é um equívoco interpretar essa proteção como exclusividade da família matrimonial, já que a Carta Magna consagrou novas formas de configuração da família, ressaltando inclusive a impossibilidade de discriminação entre os filhos, conforme preceitua os arts. 226, § 3°, e 227, § 6° [268].

No entendimento de Clóvis Beviláqua, "com o desenvolvimento de novos conceitos morais, com a correspondente transmutação da constituição social e o enfraquecimento dos laços de afeição entre progenitores e procriados, o poder absoluto do chefe de família pareceu desmesurado, sentindo-se que violava, em sua aplicação, deveres sacratíssimos em relação à progênie, quando o pai deixava todo o seu patrimônio a estranhos, esquecido de que, chamando à vida novos seres, contraíra, para com a sociedade, e para com a sua consciência em primeiro lugar, a obrigação de ampará-los"[269].

Importante também ressaltarmos que a família é protegida por ser um agrupamento social, voltada para a pessoa dos seus componentes, sendo instrumento para a promoção da dignidade da pessoa humana. Neste sentido, a legítima adquire especial relevo, pois desempenha, para os membros da família, a função de instrumento para a concretização de uma vida digna, uma vez que estabelece mecanismos econômicos capazes de libertá-los de suas necessidades[270].

Sendo o fenômeno sucessório uma garantia fundamental do ordenamento jurídico brasileiro, tal como disposto no art. 5°, inciso XXX, da Carta Maior, é preciso buscar sua regulamentação conforme os valores essenciais do ordenamento jurídico brasileiro[271].

Sem dúvida, entre eles, estão a propriedade privada (CF/88, art.5°, *caput* e XXII) e a proteção da família. Pode-se dizer, por conseguinte, que, enquanto prevalecer no Brasil a concepção de uma sociedade capitalista, fundada na família, o princípio da intangibilidade da legítima estará sempre em ascensão[272].

Para Ana Luiza Maia Nevares, uma lei que determine a extinção da quota necessária será anti-social, mas não inconstitucional, já que, apesar de o referido instituto concretizar no ordenamento jurídico brasileiro princípios constitucionais, não há na Constituição Federal de 1988 qualquer garantia ao direito dos herdeiros

---

268 Sobre o tema ver Gustavo Tepedino. *Temas de direito civil.* Rio de Janeiro: Renovar, 1999. p. 325-398. Ver também Sônia Barroso Brandão Soares. Famílias monoparentais: aspectos polêmicos. In: Gustavo Tepedino (coord.). *Problemas de direito civil-constitucional,* cit., p. 547-573.

269 Clóvis Bevilaqua. *Direito das sucessões.* 4. ed. Rio de Janeiro: Freitas Bastos, 1945. p. 291.

270 Cf. Ana Luiza Maia Nevares. *A tutela sucessória do cônjuge e do companheiro na legalidade constitucional.* Rio de Janeiro: Renovar, 2004. p. 52.

271 Cf. Ana Luiza Maia Nevares. *A tutela sucessória do cônjuge e do companheiro na legalidade constitucional,* cit., p. 53.

272 Vide Ana Luiza Maia Nevares. *A tutela sucessória do cônjuge e do companheiro na legalidade constitucional,* cit., p. 53.

necessários. Sendo, portanto, segundo sua concepção, apenas inconstitucional uma lei que abolisse a sucessão *causa mortis* em si, em virtude da garantia do direito de herança, conforme dispõe o art. 5°, XXX, mas não a reserva dos herdeiros necessários[273].

Em que pesem os argumentos valorosos expostos, defendemos posicionamento diverso, uma vez que compreendemos que a extinção da reserva dos herdeiros necessários violaria a proteção constitucional erguida em torno da família, causando potencialmente o esfacelamento da família pela quebra da estrutura econômica do núcleo familiar, em face da eficácia do testamento, onde inexistisse a reserva hereditária. Percebemos, ainda, que a intenção do legislador constitucional, ao proteger a propriedade privada, foi dar subsídios à manutenção da respectiva família. Feitas essas considerações, somos a favor da manutenção da quota reservatária como um instrumento – antes de qualquer coisa – de defesa e proteção da família. Sendo este, portanto, o sentido da sua manutenção pelo legislador civilista, seguindo, em nosso entendimento, as diretrizes traçadas pelas normas constitucionais.

Finalizadas as primeiras considerações acerca da liberdade e restrição ao ato de testar, é oportuno que tenhamos o seguinte aspecto em tela: a pouca eficácia social do testamento ante a sociedade brasileira. Mesmo assim, o nosso legislador optou por regular exaustivamente a elaboração do testamento dedicando-se minuciosamente a ordenar os mais ínfimos detalhes, sendo a temática de tal detalhamento a preocupação com a lisura do processo de elaboração[274].

Nesse sentido é a lição de Washington de Barros Monteiro: "a grande maioria da nossa gente fina-se *ab intestato*. Sem receio de erro, podemos asseverar que para dez sucessões legítimas que se abrem ocorre uma única sucessão testamentária"[275].

Urge ainda que tenhamos em mente a facilidade que a disposição de última vontade traz para com a hipótese de destinar bens à pessoa futura, que ainda nem foi concebida. Ora, tal peculiaridade serve como argumento para que – em item próprio – possamos fervorosamente defender a proteção à pessoa concebida, mas ainda não nascida, nos casos do ser humano *in vitro* e, segundo nosso entendimento, do seu inegável direito de herança. Se a legislação brasileira protege até prole eventual, filho não concebido, o que dizer então daqueles que já estão concebidos?

Entretanto, no presente momento, a análise a ser feita diz respeito ao direito do testador, conforme dispõe o art. 1.799, ou seja, o reconhecimento da autonomia da vontade a tal esfera. Caberá, pois, ao autor do testamento a proteção à pessoa futura, mesmo que não tenha tido conhecimento ou relação de afetividade com o

---

[273] Cf. Ana Luiza Maia Nevares. *A tutela sucessória do cônjuge e do companheiro na legalidade constitucional,* cit., p. 53.

[274] Com o advento da Lei n. 11.441/2007, esta diferença apenas será ratificada, pois com a possibilidade da realização da partilha por via administrativa, desde que não haja testamento ou herdeiro incapaz, o foro extrajudicial é a melhor pedida, para evitarmos as delongas de um procedimento judicial. Sobre o tema ver Humberto Theodoro Júnior. Inventário e partilha por via administrativa – Reforma da Lei 11.441, de 4/1/2007. In: *Revista do Advogado,* Ano XXVII, n. 91, maio de 2007, p. 73.

[275] Washington de Barros Monteiro. *Curso de direito civil,* cit., v. 6, p. 123.

de cujus, o que faz dessa providência uma prerrogativa apenas daquele que em vida cuidou do futuro da nova geração.

Para tanto, é primordial que entre a abertura da sucessão e o nascimento da pessoa instituída, a quem o testador quis contemplar, não haja lapso superior a dois anos, sob pena de os bens reservados para os herdeiros ainda não concebidos serem destinados aos herdeiros legítimos ou àqueles a quem o testador determinar (CC, art. 1.800, § 4°). Ou seja: o nascimento com vida do herdeiro instituído, no lapso de dois anos da abertura da sucessão, é requisito de eficácia da cláusula testamentária. É condição de validade de tal cláusula que aquela pessoa, cujo filho o testador quis contemplar, esteja viva ao tempo da abertura da sucessão[276].

Com relação à pessoa futura indicada pelo testador, sua intenção pode ter sido a de beneficiar o filho de determinado casal; ou vários filhos de determinado casal; ou, ainda, o filho de determinada pessoa; ou ainda vários filhos de várias pessoas determinadas. A interpretação do art. 1.799, I, do Código Civil, deve ser, portanto, feita da seguinte maneira: a) primeiro o intérprete deve identificar qual é (ou quais são) a(s) pessoa(s) certa(s) e determinada(s), ainda viva(s) ao tempo da abertura da sucessão, cujos futuros filhos o testador quis instituir como herdeiros; b) nos termos da vontade do testador, identificar a prole nascida no período de dois anos após a abertura da sucessão[277]. Com fulcro nas respectivas técnicas de interpretação do dispositivo supramencionado, levando-se em conta – essencialmente – a preservação da vontade do testador, eis a difícil tarefa do intérprete na questão das disposições testamentárias que se refere à prole eventual.

E, finalmente, o chamado codicilo, instrumento de última vontade, que segundo Carlos Maximiliano é um ato de última vontade que dispõe sobre assuntos de pouca importância, despesas e dádivas de pouco valor[278].

As disposições feitas em codicilo não podem se igualar àquelas que seriam feitas em testamento, vez que esse é ato de menor relevância jurídica destinado às disposições que regulem a cerimônia fúnebre, o destino de bens de pouca monta, esmolas, assim como a produção de efeitos pessoais como reconhecimento de filhos[279], realização de ato religioso para o sufrágio da alma do falecido, entre tantos. Contudo, é importante frisarmos que a previsão do codicilo permite ao declarante mais um instrumento para a designação dos seus desejos, a proximidade do fim, a falta de recursos, ou, apenas, a vontade de que sejam realizados atos simples de disposição de bens sem valor – que não seja o sentimental – fazem do codicilo uma opção perfeita, para que o *de cujus* se faça ouvir do além-túmulo.

---

276 Nelson Nery Junior e Rosa Maria de Andrade Nery. *Código civil comentado e legislação extravagante,* cit., p. 830-831.

277 Cf. Nelson Nery Junior e Rosa Maria de Andrade Nery. *Código Civil comentado e legislação extravagante,* cit., p. 831.

278 Carlos Maximiliano. *Direito das sucessões.* 2. ed. Rio de Janeiro: Freitas Bastos, 1942, v. 1, n. 513, p. 561.

279 Sobre o tema ver Zeno Veloso. *Comentários ao código civil.* Antônio Junqueira de Azevedo (coord.). São Paulo: Saraiva, 2003. v. 21, p. 150-151.

Porquanto, podemos admitir a relevância do codicilo para a pessoa humana *in vitro* por ser a possibilidade de que, por meio dessa manifestação de vontade, seja demonstrada a intenção em autorizar a sua implantação, permitindo o seu conseqüente nascimento, ou ainda reconhecer a filiação do ser humano que se encontra criopreservado[280].

Após a realização de considerações genéricas, quanto às espécies de sucessão: legítima e testamentária, assim como da fundamentação e eficácia constitucional da chamada sucessão legitimária, é indispensável, para que tenhamos reforçado o arcabouço e os efeitos do direito sucessório, que façamos a distinção entre as espécies de sucessores admitidos pelo direito brasileiro.

A lei civilista se pronuncia sobre, em linhas gerais, duas espécies de herdeiros – o legítimo, também chamado necessário, legitimário ou reservatário, e o testamentário ou instituído.

Sobre o tema, leciona Carlos Roberto Gonçalves que herdeiro necessário, legitimário ou reservatário é o descendente ou ascendente sucessível e o cônjuge (CC, art. 1.845), ou seja, todo parente em linha reta não excluído da sucessão por indignidade ou deserdação, bem como o cônjuge, que só passou a desfrutar dessa qualidade no Código Civil de 2002. Herdeiro testamentário é o beneficiado pelo testador no ato de última vontade com uma parte ideal do acervo, sem individualização de bens. A pessoa contemplada – em testamento com coisa certa – não deve ser considerada herdeira, mas sim legatária.

Costuma-se chamar de *herdeiro universal* o herdeiro único, que recebe a totalidade da herança, mediante auto de adjudicação (e não de partilha) lavrado no inventário, seja em virtude da lei, seja em virtude de renúncia dos outros herdeiros ou testamento[281].

Para efeito de verificação de bens destinados às liberalidades em favor dos herdeiros instituídos, devemos nos ater ao presente cálculo: abatendo-se do monte-mor as dívidas do *de cujus* e as despesas do funeral, reparte-se ao meio o espólio. A metade encontrada constitui a quota disponível, ou seja, a porção do patrimônio do finado de que ele pode dispor, por testamento, sem qualquer restrição[282].

---

280 Após a criopreservação é possível a análise genética do embrião humano concebido *in vitro*. Essa técnica é denominada PGD (pre implantation genetic diagnose), ou seja, diagnóstico genético pré – implantacional. Todavia, trata-se de método abortivo, pois a retirada de célula para avaliação genética em embrião 'descongelado' pode causar a sua morte, em decorrência de a intervenção prejudicar o seu desenvolvimento posterior. Sendo assim qualquer diagnóstico para a averiguação de identidade genética – que possa resultar em relevantes efeitos jurídicos no terreno da filiação – deve ser feito no embrião *in vivo*, antes da sua criopreservação. Sobre o tema *vide* Deborah Ciocci Alvarez de Oliveira; Edson Borges Jr. *Reprodução assistida: até onde podemos chegar?:* compreendendo a ética e a lei. São Paulo: Gaia, 2000. p. 83-85. Finck C.; Meister U.; Stöbel-Richter Y.; Borkenhagen A; Brähler E. Ambivalent attitudes towards pre-implantation genetic diagnostic in Germany. In: *Eur J Obstet Gynecol Reprod Biol;* 126(2): 217-225, 2006 Jun 1.

281 Cf. lição de Carlos Roberto Gonçalves. *Direito civil brasileiro,* cit., v. VII, p. 28.

282 *Vide* Silvio Rodrigues. *Direito civil,* cit., v. 7, p. 125.

A outra metade, em rigor, deveria constituir a reserva dos herdeiros necessários. Mas é possível que o testador, em vida, haja gratificado alguns descendentes com liberalidades por meio de doações – que devem ser conferidas por meio de colação[283], evitando-se, dessa forma, que haja desproporcionalidade entre as cotas sucessórias dos herdeiros legitimários.

b) A abertura da sucessão

O primeiro momento do processo sucessório é a abertura da sucessão. As posições jurídicas de que o *de cujus* era titular (direitos e obrigações) vêem-se sem sujeito, dada a extinção da personalidade jurídica do seu titular. Umas extinguem-se, outras, as que são transmissíveis por morte, dispõem-se a ser adquiridas por outrem. Este outrem era um dos designados sucessórios, que vai, agora, ser chamado a suceder[284].

O mesmo momento encarado sob o aspecto da sucessibilidade, ou seja, oferecendo-se a herança a quem pode adquiri-la, é chamado devolução sucessória ou delação[285].

Desta feita, devemos considerar como coincidente a abertura e a delação, pois são fenômenos causados pelo mesmo evento – morte –, sendo, portanto, a delação decorrente da abertura da sucessão. Sem abertura, não há devolução patrimonial dos bens do falecido, para os seus sucessores. Sem delação, a abertura da sucessão perderia seu fundamento de existência.

Abre-se a sucessão conforme princípio universalmente aceito, no momento da morte de seu autor. Para tanto se faz necessária a comprovação da morte do seu autor[286].

Segundo leciona Carlos Roberto Gonçalves "a expressão 'abertura da sucessão' é abrangente, pois se refere à morte natural, suicídio ou a chamada morte presumida do ausente[287].

Em regra é indispensável, para que se possa considerar aberta a sucessão de uma pessoa, a prova de sua morte real, mediante a apresentação do atestado de óbito"[288].

Na lição de Maria Helena Diniz "a *morte natural* é o cerne de todo o direito sucessório, pois só ela determina a abertura da sucessão, uma vez que não se compreende sucessão hereditária sem o óbito do *de cujus*, dado que não há herança de pessoa viva (*viventis nulla est hereditas*). No momento do falecimento do *de cujus* abre-se a sucessão, transmitindo-se, sem solução de continuidade, a propriedade e

---

283 Silvio Rodrigues. *Direito civil*,cit., v. 7, p. 125.

284 Cf. Diogo Leite de Campos. *Lições de direito da família e das sucessões*, cit., p. 493.

285 *Vide* Orlando Gomes. *Sucessões*, 14. ed., Rio de Janeiro: Forense, 2007, p. 13-14.

286 Segundo lição de Orlando Gomes. *Sucessões*, cit., p. 14.

287 Carlos Roberto Gonçalves. *Direito civil brasileiro*, cit., v. VII, p. 15-16.

288 Carlos Roberto Gonçalves. *Direito civil brasileiro*, cit., v. VII, p. 15-16.

a posse dos bens do defunto aos seus herdeiros sucessíveis, legítimos ou testamentários, que estejam vivos naquele momento, independentemente de qualquer ato. Essa transmissão é, portanto, automática, operando-se *ipse iure*. A morte é o fato jurídico que transforma em direito aquilo que era, para o herdeiro, mera expectativa; deveras, não há direito adquirido a herança senão após o óbito do *de cujus*"[289].

E, continua a autora, "o momento da transmissão da herança é o da morte do *de cujus*; daí a importância da exata fixação do dia e da hora do óbito, uma vez que uma precedência qualquer, mesmo de segundos, influi na transmissão do acervo hereditário. Com o falecimento, a herança é oferecida a quem possa adquiri-la, o que envolve a questão da prova da morte, que é feita pela certidão de óbito passada pelo oficial do Registro, devendo, na sua falta, o interessado lançar mão de outros meios admissíveis juridicamente, como, por exemplo, o levantamento pericial, a prova testemunhal etc. O domínio dos bens da herança transfere-se, portanto, ao herdeiro do *de cujus* automaticamente no momento do passamento, e não no instante da transcrição da partilha feita no inventário, de modo que o fisco só poderá cobrar o imposto *causa mortis* baseado nos valores do instante do óbito"[290].

No mesmo sentido é a doutrina de Caio Mário da Silva Pereira, que entende que a questão de quando se dará a devolução da herança envolve o problema da prova da morte, que é feita pela certidão de óbito passada pelo Oficial de Registro Civil. Na sua falta, vale-se o interessado de outros meios, tais como a justificação em juízo, testemunhas, levantamento pericial. O que é inadmissível é a abertura de sucessão de pessoa viva[291].

Esposamos a lição do renomado civilista, pois compreendemos que antes do óbito do autor da herança o que existe é a chamada expectativa de direito sucessório, que apenas se concretizará se, ao tempo da morte, o sucessor estava vivo e apto a receber o acervo hereditário. Em outras palavras, possuía a chamada capacidade para suceder.

Em face da abertura da sucessão é imprescindível legalizar a disponibilidade da herança para que os herdeiros possam alienar ou gravar os bens que compõem o acervo hereditário. Tal legalização é feita pelo Poder Judiciário, inventariando os bens do *de cujus*. O processo de inventário tem por escopo descrever e apurar os bens deixados pelo falecido, a fim de que se proceda oportunamente à sua partilha entre os herdeiros. O processo de inventário cessa, portanto, com a partilha[292].

---

289 Maria Helena Diniz. *Curso de direito civil brasileiro,* cit., v. 6, p. 22.

290 Maria Helena Diniz. *Curso de direito civil brasileiro,* cit., v. 6, p. 30.

291 Caio Mário da Silva Pereira. *Instituições de direito civil,* cit., v. VI, p. 23.

292 SUCESSÃO - Meação - Cônjuges estrangeiros - Casamento no exterior - Inteligência do artigo 10 da Lei de Introdução ao Código Civil - Contrato de sucessão perfeitamente válido - Inexistência de ofensa ao artigo 1.089 do Código Civil - Recurso não provido. Mesmo que no Brasil não se tenha previsão legal para um contrato de sucessão, que aqui se faz por outra forma, ou seja, a testamentária, a realidade é que esse contrato é perfeitamente válido, em face da sistemática adotada pela Lei de Introdução ao Código Civil. Exatamente por isso, não há ofensa ao artigo 1.089 do Código Civil, não se podendo falar em herança de pessoa viva. (Agravo de Instrumento n. 215.473-1 - Campinas

Com a inscrição do formal de partilha no Registro de Imóveis, dar-se-á a mudança do nome do falecido para os dos herdeiros, embora esses já tivessem o domínio desde o momento do óbito do *de cujus*[293]. A transferência *mortis causa* do acervo hereditário gera também a incidência do imposto de transmissão *causa mortis*, fonte, portanto, de receita para a fazenda pública[294].

3.2. A problemática da capacidade sucessória da pessoa humana in vitro

Conforme leciona Maria Helena Diniz, a base do direito sucessório é a transmissão imediata da herança do *de cujus* aos herdeiros legítimos e testamentários, desde que tenham capacidade ou legitimação sucessória, ou seja, desde que possam ser invocados para habilitar-se a suceder, por possuírem título jurídico para fazer jus à sucessão. Não é suficiente que o herdeiro invoque a sua vocação hereditária ou o seu direito de herdar por testamento, pois, para tanto, será imprescindível que seja capaz e não excluído da sucessão.

É preciso, continua a renomada autora, não confundir a capacidade para suceder com a capacidade civil nem com a capacidade para ter direito à sucessão. A capacidade civil é a aptidão que tem uma pessoa para exercer, por si, os atos da vida civil; é o poder de ação no mundo jurídico. A legitimação ou capacidade sucessória é a aptidão específica da pessoa para receber os bens deixados pelo *de cujus*, ou melhor, é a qualidade virtual de suceder na herança deixada pelo *de cujus*. Por exemplo, uma pessoa pode ser incapaz para praticar atos da vida civil e ter capacidade para suceder; igualmente, alguém pode ser incapaz de suceder apesar de gozar de plena capacidade civil, como ocorre com o indigno de suceder, que não

---

- Relator: TOLEDO CESAR - CCIV 3 - V.U. - 13.09.94).

293 Maria Helena Diniz. *Curso de direito civil brasileiro,* cit., v. 6, p. 30.

294 Ensina-nos Giselda Maria Fernandes Novaes Hironaka (*Comentários ao Código Civil,* cit., p. 27-28) que a abertura da sucessão não é, todavia, conceito idêntico ao de abertura do inventário. A regra processual geral é a de que o foro competente para assistir à abertura do inventário é o foro onde tinha o finado o seu último domicílio. Aqui coincidem as regras. Mas a normativa processual de 1973 veio especificar o foro competente para o processamento do inventário nas hipóteses em que o domicílio é incerto.
Entendeu, porquanto, o legislador processual que não bastava indicar o local da abertura do inventário pelo último domicílio do falecido, porque este poderia apresentar-se de forma incerta, poderia o falecido não possuir domicílio algum, ou ainda possuir mais de um domicílio. Por esses motivos, especificou a regra no que concerne ao local da abertura do inventário, fazendo-o incidir no local da situação dos bens sempre que o domicílio fosse incerto (art. 96, I, CPC). Mas outro problema seria criado quando os bens que compuseram a herança se situassem em locais diversos. Entendendo o legislador não ser possível a multiplicidade de inventários referentes a uma mesma herança, bem imóvel indivisível por determinação legal, deslocou a competência jurisdicional para o local do óbito do *de cujus* (art. 96, II, do CPC). Por fim, para a hipótese de pluralidade domiciliar, permitiu a abertura do inventário em qualquer foro correspondente a um dos domicílios do finado (art. 94, § 1°). Em consonância com o dispositivo do art. 5°, XXXI, da Carta Magna e art. 10, § 1° da LICC. Sobre o tema *vide* Maria Helena Diniz. *Lei de introdução ao Código Civil brasileiro interpretada.* 3. ed. atual. e aum. São Paulo: Saraiva, 1997. p. 267-291.

sofre nenhuma diminuição na sua capacidade para os atos da vida civil, mas não a tem para herdar da pessoa em relação à qual é considerado indigno, pelo que não tem eficácia jurídica a declaração que, porventura, tenha feito de aceitar a herança. Trata-se, portanto, da capacidade de agir relativamente aos direitos sucessórios, ou seja, da aptidão para suceder ou para aceitar ou exercer direitos do sucessor (*Erbrechtliche Handlungsfähigkeit*); logo, não teria tal *legitimação para suceder*, por exemplo, o deserdado ou o indigno. A legitimação ou capacidade para suceder diz respeito à qualidade para herdar do sucessível, não disciplinando as condições de que depende a situação de herdeiro relativamente à herança do *de cujus*, tampouco à extensão dos direitos sucessórios[295].

Importante ressalva quanto à capacidade civil do herdeiro deve ser levantada, na hipótese que o sucessor é absolutamente incapaz, sendo, todavia, capaz de suceder, como fica a questão da aceitação, uma vez que não tem o absolutamente incapaz condições de expressar a sua vontade por si só? Parece-nos, nesses casos, que a aceitação se dará por meio de representante legal; inexistindo os progenitores, que tal concordância seja realizada por meio de tutor ou curador. Nos casos de relativamente incapaz àquele que o proteger a título de assistência, conforme previsão dos arts. 1.748, II e 1.774 do Código Civil[296].

Em síntese, a capacidade sucessória indica quais são as pessoas que serão convocadas para substituir o *de cujus* na titularidade do acervo hereditário. Essa sucessão, conforme analisada anteriormente, pode se dar pela imposição da lei ou por disposição de última vontade.

Desta feita, consideramos legitimados para suceder na sucessão legítima, as pessoas nascidas ou já concebidas à época da abertura da sucessão. O objeto deste trabalho é invocar a discussão acerca do início da concepção e, conseqüentemente, do momento em que podemos pleitear, em favor da pessoa humana embrionária, a proteção jurídica aos interesses pessoais e patrimoniais decorrentes da condição de sujeito de direito.

Na sucessão testamentária estão legitimadas a suceder o falecido as pessoas nascidas e concebidas, a denominada prole eventual, e as pessoas jurídicas, inclusive aquelas surgidas da instituição por ato de disposição de última vontade.

A perspectiva de prole eventual deve observar – conforme já foi objeto de análise anterior – o lapso temporal de dois anos para a concepção da prole eventual, computados a partir da abertura da sucessão.

Não podem ser considerados aptos à sucessão do morto, em face da sucessão legítima, os herdeiros falecidos antes do antecessor, pois não podem substituí-lo na titularidade de domínio do acervo hereditário – a sucessão exige uma situação de premoriência para que haja eficácia na substituição do antecessor pelo sucessor; nos casos de comoriência, em que houve morte simultânea de dois ou mais

---

295 Maria Helena Diniz. *Curso de direito civil brasileiro,* cit., v. 6, p. 45.

296 Cf. lição de Ney de Mello Almada. *Sucessões. Legítima – Testamentária – Inventário e Partilha,* cit., p. 94.

herdeiros entre si, não houve sucessão entre os mortos, pois ninguém sobreviveu ao outro; assim como nos casos daqueles que foram deserdados ou excluídos da sucessão.

No que se refere à sucessão testamentária, estão impedidos de suceder o testador – além daquele que não foi concebido em até dois anos da abertura da sucessão – todos que participaram da elaboração do testamento, tais como quem o escreveu, ou seja, parentes de quem a rogo do testador elaborou o ato de última vontade, foi testemunha do ato de última vontade, ou ainda quem mantinha relação adulterina com o testador. Com relação a essa última incapacidade sucessória, destacamos que, se o testador estivesse ao tempo da sua morte separado de fato ou judicialmente, devemos considerar a presente disposição testamentária como válida, pois constitui reconhecimento a direito sucessório do convivente sobrevivo.

No mesmo sentido é a lição de Caio Mário da Silva Pereira:

> "O princípio cardeal do direito sucessório é a transmissão imediata dos bens aos herdeiros legítimos e testamentários, subordinado obviamente a que tenham *capacidade para suceder* (na linguagem do novo Código Civil, *legitimação para suceder*). Não basta ao herdeiro invocar a sua vocação hereditária. É preciso, ainda, seja ele capaz e não indigno. Mas não se confunde capacidade sucessória (ou legitimação para suceder) com a capacidade civil, ou poder de ação no mundo jurídico. Deve entender-se em acepção estrita de *aptidão da pessoa para receber os bens deixados pelo falecido*. Assim é que uma pessoa pode ser incapaz para os atos da vida civil, e não lhe faltar capacidade para suceder; e *vice-versa*, incapaz de suceder, não obstante gozar de plena capacidade para os atos da vida civil. Neste sentido restrito, a incapacidade sucessória (ou no sistema do novo Código Civil, *falta de legitimação para suceder*) identifica-se como *impedimento legal*, para adir à herança"[297].

Após a análise da capacidade sucessória genérica, faz-se necessário verificarmos se a pessoa humana *in vitro* é titular da respectiva prerrogativa, ou seja, da capacidade de ser convocada à sucessão de outrem.

Conforme já analisado, a vida humana tem início antes da implantação do embrião no útero materno. Segundo lição de Ricardo Lorenzetti, devemos entender por criança todo ser humano, desde o momento da concepção, seja esta concepção intra-uterina ou extra-uterina[298]. Dessa maneira, a capacidade do ser humano *in vitro* para suceder seu antecessor é deduzida da sua condição de pessoa.

Quando fizemos a distinção entre a capacidade civil e a capacidade sucessória, ficou evidenciado que não há semelhanças entre elas e que o herdeiro incapaz não fica desprovido do seu quinhão hereditário, pois a aceitação será realizada por representante legal. Porquanto, se à pessoa nascida, mas incapaz de fato é assegurado o seu direito de suceder, defendemos a aplicabilidade da isonomia de

---

297 Caio Mário da Silva Pereira. *Instituições de direito civil*, cit., v. VI, p. 29.

298 Cf. Ricardo Luís Lorenzetti. Fundamentos do direito privado. Tradução de Vera Maria Jacob de Fradera. São Paulo: Revista dos Tribunais, 1998. p. 46.

tratamento, o que significa que à pessoa não nascida, mas concebida, deve ser garantido o seu direito à sucessão, uma vez que preenche os pressupostos da capacidade sucessória[299][298A].

Em análise, os arts. 1.798 e 1.799 garantem a constituição da capacidade sucessória da pessoa humana *in vitro*, pois atestam que a concepção autoriza a habilitação à herança, assim como, nos casos, de sucessão testamentária, onde o testador poderá inclusive nomear como sucessor, pessoa não concebida ao tempo da sua morte; o que não é a casuística do ser humano *in vitro*, por ser ele pessoa concebida, embora não nascida.

Como defendemos a posição doutrinária da personalidade do embrião humano, nada mais coerente do que, em nosso entendimento, admitirmos que, em face de sua existência ser anterior ao evento morte do autor da herança, o mesmo se habilita ao recebimento de quinhão hereditário. Cabendo, nessa hipótese, a aceitação da herança por representação, seja dos genitores ou por meio de curador nomeado judicialmente. Em caso de herança que causará prejuízos aos interesses do ser humano *in vitro*, a renúncia deverá ser feita pelo representante, todavia homologada por juiz, com a devida vênia do Ministério Público, para que não paire qualquer dúvida acerca de tal renúncia ser em prol dos interesses da pessoa humana em situação de laboratório.

A análise comparativa do ser humano *in vitro*, do nascituro e da pessoa nascida demonstra a existência desde a concepção de código genético único que permanecerá o mesmo por toda a existência, ou seja, eles possuem a mesma condição humana. Apenas – com já foi ressaltado – com níveis de desenvolvimento distintos.

Com o propósito de realizar a habilitação do ser humano *in vitro* no processo de inventário e, dessa forma, efetivar a sua condição jurídica de herdeiro, concebemos como instrumento legítimo o diagnóstico genético (como instrumento de comprovação da paternidade). Nos casos de inseminação artificial heteróloga, é possível a habilitação com fundamento no termo de adoção embrionária ou no termo de consentimento de uso de gametas de terceiro, pois, compreendemos, que a vinculação de parentesco surge do consentimento externado para a concepção associado à chamada presunção legal de paternidade e de maternidade (essa última em consonância com a interpretação do princípio constitucional da igualdade entre consortes).

Quanto à dificuldade de a doutrina jurídica – nacional e internacional[300] – vislumbrar a capacidade sucessória da pessoa embrionária, acreditamos ser injustifi-

---

299 298A Invocamos ainda a possibilidade de o embrião *in vitro* ser convocado para suceder herdeiro pré-morto, recebendo a quota-parte que seria destinada ao antecessor – o chamado direito de representação. Reconhecer o direito de representação do ser humano *in vitro* é assegurar o respeito à sua condição de pessoa, reconhecendo simultaneamente os seus vínculos de parentesco.

300 Sobre o tema leciona José Enrique Bustos Pueche (*El derecho civil ante el reto de la nueva genética*. Madrid: Dykinson, 1996. p. 54-55) que a polêmica acerca da personalidade jurídica é tão grande que até agora a Assembléia Parlamentar do conselho Europeu não conseguiu ir mais adiante na perspectiva de

cada, pois é admitida – sem maiores controvérsias – a capacidade de ente abstrato, como nos casos da pessoa jurídica, até mesmo a criação de pessoa jurídica para herdar – por meio de testamento. Mas quando se discute tratamento de equivalência entre pessoas humanas nascidas ou não, há questionamentos excessivos e temores infundados.

Ante o embrião humano, estamos diante da pessoa humana, que, embora não nascida, é titular de direitos. Desta feita, urge que possamos assegurar o exercício de tais direitos, e o reconhecimento da sua capacidade sucessória é o passo inicial para que possamos proceder com a defesa dos seus interesses no âmbito patrimonial.

3.3. A proteção constitucional do direito sucessório da pessoa humana in vitro

Procederemos com a análise dos princípios constitucionais voltados à proteção da pessoa humana e da herança, e que, desse modo, podem ser aplicados à situação do ser humano *in vitro*, pois como nos ensina Ricardo Luís Lorenzetti "o direito privado seria como um sistema solar, em que o *sol* é a Constituição Federal de 1988, e o *planeta principal*, o Código Civil"[301].

Inicialmente analisaremos o princípio da dignidade da pessoa humana referente à proteção sucessória do ser humano *in vitro*, porém, como resguardar a dignidade da pessoa, se é negado a ela o reconhecimento de parentesco – filiação –, ou se diminuímos a relevância da filiação ao não concedermos direito de herança ao filho concebido, mas não nascido?

É fato que o princípio da dignidade da pessoa humana associado ao respectivo princípio do respeito à vida devem ser aplicados à situação do ser humano *in vitro*. Mas como garantir a vida a quem ainda não nasceu? Como conceder dignidade a quem não é pessoa nascida?[302]

As indagações acima devem ser respondidas com fundamento nos princípios co-relacionados, pois não há em respeito ao princípio da dignidade da pessoa humana como garantirmos o reconhecimento de um filho, sem que os direitos referentes a esse reconhecimento estejam assegurados. Caso o contrário, estaríamos

---

elaboração de um estatuto jurídico do embrião, como pretendiam alguns países, dentre os quais Alemanha, Itália, Irlanda, Polônia e Portugal. (Tradução livre da autora.) Ver também Paolo Zati. *Quale stattuto per l'embrione?*. Riv. Crit. Dirit. Privat. Septiembre, 1990, p.437; Gilda Ferrando. *La Procreazione Artificiale tra Ética e Diritto.* Padova: CEDAM, 1989. p. 2-11; Paula Martinho da Silva. Perspectivas jurídicas portuguesas e européias sobre reprodução assistida. In: http://www.crmma.org.br/revista/bio11v2/simposio12.htm. Acesso: 02/08/2007.

301 Ricardo Luís Lorezentti. *Fundamentos de direito privado.* cit., p. 45.

302 Sobre o tema é a lição de André Rangel Rios (Filosofia e biotecnologia. In: *Bioética no Brasil.* Rio de Janeiro: Espaço e Tempo, 1999. p. 11-12): "(...) nesta época sem deuses e sem rumo a dignidade humana não é mais do que a de ser uma matéria-prima privilegiada, um objeto a ser manipulado pela tecnologia".

atentando contra a dignidade do filho concebido por meio de técnica de reprodução assistida.

Com o avanço da biotecnologia, principalmente no tocante à procriação medicamente assistida, deparamo-nos com uma nova realidade que modificará os limites outrora defendidos pelo direito civil como absolutos, como por exemplo, o nascimento com vida para a caracterização da pessoa.

Essa realidade amplia, inclusive, os conceitos de filiação – paternidade – maternidade, criando uma nova relação da "parentalidade" por afetividade consentida, que difere da presunção legal e da biológica. Ou ainda assegura a perpetuação genética do casal por meio da utilização de técnicas de reprodução assistida.

O ser humano *in vitro* é pessoa, pois apresenta, geneticamente, todas as características da pessoa nascida, o que difere um da outra, tão-somente, é o nível de desenvolvimento biológico. Em síntese, podemos afirmar que o ser humano *in vitro* se encontra vivo, mesmo sem respirar, e precisa nascer, para evitarmos que seja concebido para ser condenado a uma vida de congelamento; até que ocorra a sua morte – nessa mesma situação de limbo a que foi condenado durante toda a sua existência[303].

A aplicação do princípio de respeito à vida constitucionalmente assegurado – a todo ser humano –, sem que haja distinção, é garantia de nascimento, o que gera justificadamente o direito à propriedade, principalmente o oriundo de relação de sucessão, já que ao nascer o indivíduo é inserido no seio de sua família, cabendo a sua proteção e assegurado o seu desenvolvimento (cf. arts. 226 e 227 da Carta Magna), a prerrogativa da descendência gera – entre outros efeitos – a sucessão hereditária.

Em respeito à Carta Magna, o Código Civil de 2002 não fez qualquer distinção entre os filhos – muito menos quanto à origem da sua concepção –, igualando-os como herdeiros do *de cujus*, independentemente da forma da sua concepção. Portanto, não se justifica a exclusão da linha sucessória do ser humano *in vitro*, pois tal fato atenta contra a igualdade de filiação, uma vez que geraria a desigualdade entre herdeiros de uma mesma classe, uns herdando, enquanto outros não.

Outrossim, devemos ainda considerar que assegurar direito sucessório à pessoa humana *in vitro*, antes de tudo, é colocar em prática o teor do princípio da paternidade responsável. No âmbito da reprodução assistida significa efetivar a implantação do embrião humano, que se encontra em clínica criopreservado, é permitir que o ser humano *in vitro* possa, ao nascer, receber parte da herança materna ou paterna – com a qual terá garantida a sua subsistência. E o mais relevante é que concretiza o reconhecimento da relação de filiação. Como nos ensina Guilherme Calmon Nogueira da Gama, "no âmbito da reprodução humana assistida, o princípio especial da paternidade responsável está vinculado ao princípio – e também método

---

303 Sobre o tema ver Fábio Alves Ferreira. Vivendo sem respirar, morrendo sem chance de nascer. In: http://jus2.uol.com/doutrina/texto.asp?id=3544; Acesso:02/08/2007.

interpretativo – do 'melhor interesse da criança' – *the best interest of the child,* oriundo da tradição jurídica do direito comum anglo-saxão *common law*, e assimilado por nossa Constituição Federal de 1988, que prevê tal princípio no art. 226, § 7º"[304].

Ressaltamos, ainda, que a herança não é apenas o mero recebimento de acervo hereditário, mas a própria garantia de sobrevivência, seja após o nascimento, ou durante a situação de criopreservação, pois custeará o ônus referente à manutenção do congelamento, até que ocorra a implantação.

Outro aspecto de grande relevância é o significado da sucessão hereditária, o reconhecimento, por meio do chamamento à sucessão, da relação de parentesco efetivando, dessa maneira, o reconhecimento sócio-jurídico da prole concebida por meio de técnicas de reprodução assistida.

Compreendemos, portanto, que a intenção do legislador constitucional através da garantia do direito à herança foi permitir a plenitude da vida, assegurando, a essa, a dignidade para um desenvolvimento sadio, sem distinções e preservando a igualdade entre os filhos nascidos ou não, concebidos sem intervenção médica ou não, já que ao final a verdade absoluta é a da preservação da vida com todos os seus atributos. Garantir a herança à pessoa humana *in vitro* é mais uma prerrogativa que vem ao encontro dos princípios da dignidade da pessoa humana e respeito à vida, sem os quais a sua existência não estaria assegurada.

A legislação constitucional será de vital importância para a estrutura da proteção aos direitos da pessoa humana em situação de laboratório, no que tange aos direitos hereditários. Todavia, outras medidas assecuratórias deverão ser tomadas para permitir a efetivação da sucessão do ser humano *in vitro*, tais como a reserva e preservação de quinhões hereditários, a nomeação de curador para evitar interesses sucessórios conflitantes, possibilitando, dessa maneira, a criação de uma estrutura normativa protetiva em favor da vida, coibindo o descaso do não reconhecimento, a perpetuidade do congelamento, a irresponsabilidade parental e a morte antes do nascimento.

3.4 Aplicabilidade dos princípios constitucionais na sucessão da pessoa humana in vitro

Na doutrina de Silmara Juny de A. Chinelato Almeida o embrião pré-implantatório tem capacidade sucessória, seja com relação à sucessão legítima, quando foi concebido por inseminação artificial homóloga, ou no tocante à sucessão testamentária, na hipótese de inseminação artificial heteróloga [305].

---

[304] Cf. lição de Guilherme Calmon Nogueira da Gama. *A nova filiação: o biodireito e as relações parentais: o estabelecimento da parentalidade-filiação e os efeitos jurídicos da reprodução assistida heteróloga*, cit., p. 124.

[305] Silmara Juny de A. Chinelato Almeida. *A tutela civil do nascituro.* Posição idêntica é defendida por Giselda Maria Fernandes Novaes Hironaka. In: As inovações biotecnológicas e o direito das sucessões, p. 7. Palestra proferida no I Congresso Internacional de Direito Civil-Constitucional da Cidade do Rio de Janeiro, em 23 de setembro de 2006. http://www.ibdfam.com.br/public/artigos.

Percebemos aspectos distintos com relação ao estudo do tema; inicialmente, discordamos da legitimação sucessória com relação apenas ao embrião pré-implantatório, pois reconhecemos que o embrião em situação de laboratório está – conforme a presente acepção – despido de direitos sucessórios, fato este que achamos inconcebível.

Outro aspecto relevante, com o qual possuímos uma dissidência, é o referente às espécies de sucessão; a admissão da sucessão testamentária apenas para os casos de inseminação artificial heteróloga, enquanto nas hipóteses de inseminação artificial homóloga apenas herdaria por força da lei, em síntese, por sucessão legítima.

Defendemos posição diversa, pois compreendemos que o filho concebido por inseminação artificial heteróloga, passa a ser considerado filho do casal encomendante, não havendo, portanto, manutenção do vínculo de parentesco com relação ao doador de material fertilizante, já que o consentimento do marido ou convivente para a realização de fecundação com sêmen de terceiro gera a concepção do filho concebido. Ademais, levamos em consideração a presunção de paternidade atribuída por força do disposto no art. 1.597 do CC em vigor.

Compreendemos a possibilidade de o doador de gametas dispor por testamento de bem individualizado para beneficiar a pessoa concebida com o seu material genético, mas, a nosso ver, o marido ou convivente da beneficiária é que exercerá a paternidade[306], mesmo que postumamente[307].

Em outras palavras, significa dizer que a paternidade será reconhecida mesmo que seja apenas no tocante aos direitos sucessórios decorrentes do falecimento do pai jurídico. Porquanto, a pessoa humana *in vitro* será convocada a suceder o falecido – marido ou convivente da sua mãe – na condição de descendente, ou seja, como herdeiro necessário. Dessa forma, será assegurada à mesma a reserva de bens atribuída à legítima, o que detalhadamente, importará na preservação de seu quinhão como herdeiro legitimário.

A sucessão legítima será observada nas hipóteses de inseminação artificial homóloga e heteróloga – esta última se houve aquiescência do falecido para que a pessoa humana *in vitro* fosse concebida. Em ambas as hipóteses, devemos considerar como descendente o ser humano *in vitro*, e sua convocação à sucessão do falecido se dará na condição de filho concebido.

A partilha dos bens será realizada com respeito ao seu quinhão hereditário, que não pode ser desprezado – meramente – pelo fato de não ter nascido o herdeiro. A admissão de procedimento diverso permitiria a pulverização dos bens objeto da

---

aspx?codigo=310, Acesso: 27/06/2007.

306 No mesmo sentido Rossini Lopes Jota. Fertilização assistida: considerações a respeito da inseminação artificial com sêmen do marido ou companheiro, na viúva ou companheira, após a morte do depositante. Conseqüências jurídicas. In: *Revista de direito privado,* n. 7, p. 128-137, jul.-set. de 2001.

307 Sobre o tema ver Eduardo Oliveira Leite. Dos direitos da esposa sobre o esperma do marido. In: *Procriações artificiais e o direito,* São Paulo: Revista dos Tribunais, 1995. p. 232-234.

herança, sem que fosse possível o ser humano *in vitro* ter acesso ao mesmo quinhão que herdaria, caso tivesse sido feita a partilha antes do seu nascimento.

Nos casos em que a pessoa humana *in vitro* for a única herdeira do *de cujus*, ocorrerá a adjudicação nos mesmos moldes em que seria realizada se a mesma já tivesse nascido. Sendo em seguida extinto o inventário pela existência de herdeiro universal.

Sobre o tema é incontroversa a lição de Eduardo Vaz Ferreira, que defende uma interpretação evolutiva, para o preenchimento das lacunas no direito das sucessões, principalmente no que tange à reprodução assistida. Ensina o jurista uruguaio, com bastante pertinência, a aplicação de tratados internacionais, com este propósito.

No caso da pessoa humana *in vitro*, compreende o referido autor que se deve observar a Declaração Universal de Direitos do Homem e o Pacto de São José da Costa Rica – que rechaçam toda forma de distinção fundada no nascimento da pessoa, como ocorre nos casos em que o nascimento aconteceu há mais de trezentos dias da morte do pai, o que confirma que a pessoa nascida é filha do falecido é a vontade externada pelo *de cujus*.

Para coibir qualquer preconceito com relação aos filhos nascidos após o falecimento do seu genitor, o argumento de maior relevância é a impossibilidade de distinção com relação à forma como se deu o nascimento ou a concepção[308].

E continua o mencionado civilista, na construção de uma teoria que partilhamos na íntegra:

> "Nos sistemas em que, como o nosso, em que nada se encontra legislado sobre reprodução assistida, as questões levantadas por tais formas de reprodução são extremamente controvertidas. Por exemplo: já citamos o caso em que, sabendo-se que o marido morreria de câncer, acordaram os cônjuges (que queriam ter três filhos) o necessário para que a esposa pudesse ter os filhos depois de seu falecimento recorrendo a crioconservação de embriões e dois deles nasceram vencidos os trezentos dias fixados pela lei para poder considerá-los legítimos, ou seja, como filhos do falecido.
> Não duvidamos que no projeto de reformada lei civil, se a reprodução póstuma foi consentida pelo marido e não se produz prova negativa de sua paternidade, o filho deverá ser considerado legítimo com todos os direitos respectivos a tal legitimidade. Não podemos duvidar que o embrião pode herdar, quando se encontra no ventre materno, nem que pode herdar quando do advento do seu nascimento. Resulta contraditório entender que a capacidade de adquirir por sucessão está em suspenso quando o herdeiro se encontra em um banco de embriões.

[308] Eduardo Vaz Ferreira. *Tratado de las sucesiones.* 2. ed., Montevideo, 1999. t. IV, p. 139-140. (Tradução livre da autora.).

Desde que se desenvolveu a prática da crioconservação, seria incongruente que, por exemplo, uma viúva pudesse legitimar filho alheio por meio da adoção, porém não pudesse registrar como legítimo que realmente é filho dela com o seu falecido marido e de que ela seja mãe genética e de gestação"[309].

Concordamos integralmente com a concepção esposada pelo civilista uruguaio, e apoiada na lição assimilada. Defendemos também a legitimação sucessória na hipótese em que a esposa ou convivente concordou com a fecundação com material genético alheio, doado por outra mulher, sendo ela apenas a mãe gestacional. Entretanto, pelo seu consentimento, cria-se a legitimação da prole como sendo do casal. Outrossim, estamos de acordo com a possibilidade de a mãe biológica ser a esposa ou convivente que veio a falecer antes da gestação, e que o ser humano *in vitro* veio a ser implantado no útero de mãe gestacional, mas que este fato não impossibilitou a constituição do parentesco com relação à finada, vindo, portanto, este filho a suceder a sua genitora falecida – após a sua concepção –, todavia, antes do seu nascimento.

a) A reserva legal do quinhão hereditário da pessoa in vitro

Como artifício assecuratório dos direitos sucessórios defendemos a possibilidade do acervo hereditário ser dividido, levando-se em consideração a existência do ser humano *in vitro*, com isso, a partilha seria feita e o quinhão destinado à pessoa humana *in vitro* seria entregue a curador nomeado – especialmente para a sua administração – pelo juiz da causa. Exigindo-se ainda a anuência do Ministério Público para a referida nomeação.

O fundamento para a reserva do patrimônio hereditário encontra guarida no art. 227, § 6°, no princípio da igualdade entre os filhos; nos arts. 1°, § 2°, e 4°, § 1°, da Convenção Americana de Direitos Humanos, que determina a proteção a toda pessoa, considerada como tal todo ser humano, assim considerado desde a concepção.

Ressaltamos que no tocante à legislação civil é possível a admissão da reserva de quinhão hereditário[310], pois a mesma já é realizada, quando da constituição de disposição testamentária em favor de pessoa futura, conforme dispõe o art. 1.800, *caput*, parágrafos 1°, 2° e 3°. Esses dispositivos cuidam respectivamente da

---

309 Eduardo Vaz Ferreira. *Tratado de las sucesiones,* cit., p. 158. (Tradução livre da autora.).

310 EMENTA: AGRAVO DE INSTRUMENTO. INVENTÁRIO. RECONHECIMENTO DE PATERNIDADE. QUESTÃO DE ALTA INDAGAÇÃO. RESERVA DE QUINHÃO. A pretensão de ver reconhecida paternidade socioafetiva, quando controversa, é de alta indagação, pois demanda ampla investigação e debate. Logo, deve ser discutida na via ordinária. Enquanto se discute a paternidade na via ordinária, de rigor seja determinada a reserva de quinhão, para fins de evitar futura nulidade da partilha, para o caso de reconhecimento da paternidade. AGRAVO PARCIALMENTE PROVIDO. EM MONOCRÁTICA. (Agravo de Instrumento N° 70021005145, Oitava Câmara Cível, Tribunal de Justiça do RS, Relator: Rui Portanova, Julgado em 16/08/2007).

nomeação de curador especial responsável pela administração patrimonial e da resolução da condição, ou seja o nascimento com vida.

Porquanto, a reserva de quinhão hereditário já tem previsão legal em nosso ordenamento, o que defendemos, enquanto não exista legislação especial sobre o tema, à aplicação extensiva com base na interpretação dos mencionados dispositivos constitucionais.

Parece-nos ser essa a melhor solução para o caso da sucessão legítima da pessoa humana *in vitro*, pois com a constituição de tal reserva a mesma estaria protegida de possíveis dilapidações decorrentes da partilha feita – apenas – entre herdeiros nascidos, caso deixássemos a sua condição de herdeira em suspenso até o seu nascimento. Cabendo-lhe a ação de petição de herança como instrumento para anular o formal de partilha.

Outra solução que não acreditamos ser a mais adequada, seria a suspensão da partilha até o nascimento do ser humano *in vitro*. Se na primeira hipótese a partilha é feita, sendo o ser humano *in vitro* preterido cabendo apenas o direito de anulação da dita partilha, após o seu nascimento com vida; na segunda, os herdeiros nascidos é que seriam prejudicados, pela indeterminação sucessória, pois inexistiria partilha até o nascimento com vida da pessoa humana em situação de laboratório.

Justifica-se, dessa forma, a instituição da reserva que compreendemos ser a solução mais adequada, pois tanto os herdeiros nascidos, quanto os concebidos seriam contemplados. Não ocorrendo o nascimento com vida o quinhão reservado seria revertido em favor dos demais herdeiros sendo, portanto, realizada uma anulação do então formal de partilha e uma redistribuição dos bens destacados para serem herdados pelo ser humano *in vitro*, para os demais herdeiros.

Quanto à questão da segurança – inerente às relações jurídicas – defendemos que não paira qualquer desvantagem quanto à reserva, já que o dito quinhão foi preservado nas mãos de curador, que zelou não só pelos bens, assim como pelos frutos e rendimentos correspondentes ao mesmo, sendo assim – caso a pessoa humana *in vitro* venha a óbito os demais herdeiros receberão os bens remanescentes.

Por outro lado, realizada a partilha, o Estado também sairá beneficiado pelo fato, pois receberá o valor dos impostos decorrentes da transmissão *causa mortis*.

Esta nos parece ser a posição mais sensata para evitarmos danos ou prejuízos irreparáveis. Pela adoção de tal procedimento estaremos assegurando a proteção aos direitos dos herdeiros nascidos e concebidos, sem que uma classe ou outra seja preterida e, principalmente, onde nenhum herdeiro – da mesma classe e grau – terá privilégios sobre outro na respectiva sucessão hereditária. Ressaltamos que no tocante aos herdeiros concebidos, mas não nascidos, há a dificuldade de defesa, pois a sua voz não se faz ouvir, há tentativas incansáveis em fazê-los parecer coisas, ou pretensões inesgotáveis de que sejam esquecidos, congelados até que as suas vidas não existam mais.

b) A reversão do quinhão hereditário em favor do monte partível

Importante ressalva fazemos com relação aos efeitos da reversão do quinhão hereditário destinado à pessoa humana *in vitro*, que no entanto não vem a nascer com vida. Com a finalidade de preservarmos os direitos sucessórios dos demais herdeiros, a partilha seria anulada – apenas no que tange aos bens remanescentes e os mesmos seriam destinados aos outros herdeiros do falecido.

Não vislumbramos nesse procedimento qualquer violação aos direitos constituídos dos herdeiros nascidos, nem muito menos aos princípios gerais do direito; ao contrário, invocamos como justificativa da aplicação da reserva legal em favor do ser humano concebido a existência de princípios constitucionais que autorizam a realização de uma interpretação extensiva.

Contudo, é necessário que façamos uma análise mais acurada sobre a possibilidade de reversão, pois qual seria o momento em que os bens são revertidos, na confirmação do óbito ou quando da impossibilidade da implantação, em útero da mãe biológica ou de substituição?

Acreditamos que para o êxito da proteção aos direitos e interesses do ser humano *in vitro* – e para que possamos responder às referidas questões – urge que tenhamos informações acerca do número de embriões criopreservados, os dados de parentesco e análises genéticas dos mesmos em bancos de dados, mantidos pelas clínicas de reprodução assistida, mas fiscalizados pelo poder público. Ocorrendo o óbito de alguém, seria acessado o dito banco de dados, a pedido do juiz do inventário, para saber da existência de pessoa concebida e herdeira do falecido. Sendo assim, condizente com a necessidade de segurança das relações jurídicas, a reserva de quinhão hereditário se dará por prazo suficiente para que possa ocorrer a implantação em útero materno e o respectivo nascimento sem atropelos.

Nos casos de sucessão testamentária realizada à pessoa futura o prazo estabelecido pelo direito pátrio é de dois anos – conforme estabelece o art. 1.800, § 4° – a contar da data da abertura da sucessão para que a pessoa seja concebida. Alguns países, dentre os quaiso Brasil, indicam a viabilidade da implantação de embrião criopreservado num prazo de máximo de 03 anos da sua concepção, por questão de segurança genética[311].

Com relação à pessoa concebida, mas ainda não nascida, para que a mesma seja implantada e venha a nascer consolidando os direitos de propriedade sobre os bens adquiridos pela sucessão hereditária, acreditamos que um lapso temporal suficiente para que haja garantia aos seus direitos hereditários seria de 05 anos a contar da abertura da sucessão, ou seja, levaríamos em consideração o lapso temporal considerado seguro para a implantação e o tempo indicado pela lei brasileira, como sendo o máximo para que pessoa futura viesse a ser confirmada na condição de herdeira.

---

[311] Conforme dispõe o art 5°, II da Lei 11.105/ 05.

Eduardo Vaz Ferreira também defende o respectivo prazo como instrumento de garantia aos direitos da prole concebida por meio de técnicas de reprodução assistida, pois no entendimento do autor, seriam profundamente infelizes os filhos que, além de nascidos órfãos, foram privados da herança paterna ou materna, em benefício dos seus irmãos nascidos[312].

Dessa forma, atenderíamos as necessidades de preservação dos direitos hereditários do ser humano *in vitro*, mas sem negligenciar os interesses dos filhos nascidos, a respectiva reserva e a efetiva partilha teria validade de até 05 anos – contados a partir da data da abertura da sucessão, para que o filho concebido pudesse vir a nascer. Sendo assim, não há do que se falar em insegurança jurídica; muito menos em situações indefinidas, no que tange à sucessão da pessoa humana *in vitro*.

c) A instituição de quinhão hereditário em favor de pessoa humana in vitro por ato de disposição de última vontade

Com efeito, devemos nos ater a possibilidade da pessoa humana *in vitro*, ser beneficiada por meio da feitura de testamento, ou seja, sendo convocada a suceder o falecido a título singular.

Visualizamos essa hipótese quando, por exemplo, o doador de gametas, que abdicou do vínculo de paternidade, por ato de disposição de última vontade, institui em favor do filho biológico bem da sua parte disponível, como forma de supri-lo quanto às questões materiais.

Não sendo a única casuística, podemos ainda aventar a seguinte situação de pai ou mãe biológico, que vem a falecer antes da implantação do ser humano *in vitro*, mas faz testamento garantido ao filho concebido – além do quinhão da chamada parte legítima à constituição, por exemplo de legado de alimento recaindo sobre a denominada parte disponível.

Nessa condição – a pessoa humana *in vitro* – seria chamada à sucessão a título singular e universal, em detalhes, e, a mesma seria herdeira da legítima e legatária da parte disponível.

Na sucessão testamentária a lei é mais acessível à sucessão do ser humano *in vitro*, pois já admite a disposição de última vontade em favor de pessoa que ainda não foi sequer concebida, ao tempo da abertura da sucessão. De fato não é o caso do ser humano *in vitro* que já se encontra concebido;sendo assim, o prazo do referido artigo já foi contemplado nos casos de criopreservação.

Todavia, são necessárias algumas considerações quanto à proteção da pessoa concebida, embora não nascida. Nesse caso, percebemos que diante dos fatos a situação do ser humano *in vitro*, à luz da sucessão testamentária, tem maior facilidade de resolução. Basta que apliquemos o dispositivo do art. 1.800, § 4°, ou seja, após a abertura da sucessão o herdeiro concebido deverá estar implantado em útero

---

[312] Eduardo Vaz Ferreira. *Tratado de las sucesiones*, cit., p. 159.

materno, em até dois anos a contar da data da abertura da sucessão. Para que haja o nascimento e a consolidação do domínio dos bens herdados.

Outro aspecto, de extrema relevância a ser abordado quanto à sucessão testamentária do ser humano *in vitro*, é o que se refere à reserva legítima dos herdeiros necessários.

Defendemos que em virtude da concepção, a pessoa humana *in vitro* tem legitimação para a sucessão dos seus antecessores, assim, na qualidade de herdeira necessária impediria a livre disposição patrimonial, com a instituição da chamada parte reservatária. Apenas sendo possível a liberação da reserva da legítima se implantada a pessoa *in vitro*, não viesse a nascer com vida.

Se faz mister destacarmos que a nomeação de curador embrionário será indispensável para resguardar ser humano *in vitro* de possíveis interesses sucessórios conflitantes, já que com o advento da chamada sucessão concorrente – e a efetiva possibilidade de concorrer com sua genitora ou com o seu genitor – pode ser motivo suficiente para justificar o seu descarte criminoso, ou, ainda, o seu congelamento por tempo indeterminado, para que o mesmo não possa ser considerado apto à sucessão do seu antecessor. Nessas hipóteses é possível que ocorra a necessidade de implantação em mãe de substituição, com o intuito de garantir o direito fundamental ao nascimento que concretizará – em caráter definitivo – a consolidação do acervo hereditário em seu poder, uma vez que o nascimento é a condição necessária para que a aquisição sucessória se dê permanentemente.

3.5 Dos meios de defesa para assegurar o quinhão hereditário da pessoa humana em situação de laboratório

Com o propósito de assegurar e proteger os bens do nascituro, o Código de Ritos admite a propositura da ação cautelar denominada *posse em nome do nascituro.*

Na lição de Vicente Greco Filho:

> "A lei resguarda, desde a concepção, os direitos do nascituro. A mulher que para poder exercê-los ou garanti-los, quiser provar o seu estado de gravidez requererá ao juiz que, ouvido o Ministério Público, mande examiná-la por médico de sua nomeação (art. 877).
> O requerimento deverá ser instruído com a certidão de óbito da pessoa de quem o nascituro é sucessor ou que a futura mãe diz que é sucessor (art. 877, § 1°)"[313].

Compreendemos que a respectiva medida emergencial pode ser usada quando o ser humano *in vitro*, implantado ou não, sofre restrições à sua condição de herdeiro.

Entretanto, ressaltamos que para a prova exclusiva de gravidez ou premissa de reconhecimento de filiação, a dita ação poderá ser instruída com o chamado

---

[313] Vicente Greco Filho. *Direito processual civil brasileiro*. cit., v. 3, p. 201.

diagnóstico genético pré-implantacional ou simplesmente biópsia embrionária que constitui um laudo, que atesta a identidade genética do ser humano *in vitro*.

Defendemos, inclusive, a possibilidade da pessoa humana preterida no processo de inventário, sem que tenham sido respeitados os seus direitos sucessórios, ingressar com a chamada ação de petição de herança. Medida esta que encontra guarida no enunciado de n. 267 do Conselho da Justiça Federal, aprovado na *III Jornada de Direito Civil*: "A regra do art. 1.798 do Código Civil deve ser estendida aos embriões formados mediante o uso de técnicas de reprodução assistida, abrangendo, assim, a vocação hereditária da pessoa humana a nascer cujos efeitos patrimoniais se submetem às regras previstas para a petição da herança". Desta feita, acreditamos que o ser humano *in vitro*, pela sua condição de herdeiro, ora violada, pelos outros herdeiros do falecido seria protegido com a respectiva propositura em questão. Outrossim, a dita partilha sem observância aos direitos hereditários da pessoa humana *in vitro* seria anulada para dar surgimento a outra, realizada com a inclusão do ser humano *in vitro* no rol dos herdeiros do *de cujus*.

Na doutrina de Guilherme Calmon Nogueira da Gama, a petição de herança é ação essencialmente universal, porquanto tem por objeto a universalidade dos bens hereditários, não devendo o herdeiro indicar, na petição inicial, determinado bem individualmente considerado, e, sim, procurar o reconhecimento de seu direito à herança e sua qualidade sucessória como herdeiro[314].

Contudo, podemos ainda aventar a hipótese do curador da pessoa humana *in vitro*, em decorrência da reserva legal sobre os bens que lhe cabem na condição de herdeira, utilizar as ações possessórias[315], para resguardá-los da violação impetrada por terceiro – inclusive outros herdeiros.

Tal procedimento encontra guarida na ação de imissão na posse, por exemplo, quando outro herdeiro não respeitar determinação judicial e injustificadamente permanecer na posse de bem do acervo hereditário do *de cujus*, que tenha sido destinado – por partilha, ao herdeiro *in vitro*.

Podemos ainda imaginar a hipótese de esbulho, quando terceiro ou até mesmo outro herdeiro, tenha se apossado de bem integrante do quinhão hereditário do herdeiro *in vitro*, portanto, justificando o ajuizamento da ação de reintegração de posse, sendo a posse nova, autorizando inclusive o pedido de liminar. O que ainda devemos considerar é a possibilidade da posse não ter sido perdida, mas apenas turbada, o que autorizaria o representante do ser humano *in vitro* propor, ao invés de reintegração a denominada ação de manutenção da posse (art. 1210, §§ 1° e 2° do Código Civil e arts. 926 a 931 do Código de Processo Civil). Nos casos em que não houve, nem turbação, muito menos esbulho no que tange aos bens destinados à aquisição por sucessão pela pessoa humana *in vitro*, mas a mera ameaça, compreendemos que autoriza o procedimento do interdito proibitório, para que se evite a

---

314 Guilherme Calmon Nogueira da Gama. *Direito civil: sucessões*, cit., p. 88.

315 Sobre o tema *vide* Vicente Greco Filho. *Direito processual civil brasileiro,* cit., v. 3, p. 231-237.

concretização da ameaça (nos moldes dos arts. 932 e 933 do Código de Processo Civil).

Como última alternativa à violação de direito hereditário da pessoa humana *in vitro,* justificamos a possibilidade de pedido de indenização, quando terceiro – seja outro herdeiro na condição de inventariante, ou próprio curador nomeado com o intuito de zelar pelos bens que constituem o quinhão hereditário do ser humano *in vitro* – vem a dilapidar o dito patrimônio, sem que haja como devolver os respectivos bens à pessoa concebida por ocasião do seu nascimento, compreendemos que nessa hipótese a ação de indenização – que já admitida em nossa doutrina, quando proposta em nome de nascituro[316] – poderá ser ajuizada também em nome do ser humano *in vitro* pelo próprio Ministério Público, quando o autor da violação foi o seu representante; ou nos casos de prejuízos causados por terceiro pelo próprio curador embrionário.

Os meios de defesa e proteção ao quinhão hereditário da pessoa humana *in vitro,* antes de qualquer coisa devem ser considerados mecanismos de proteção à própria vida humana, sem a qual inexistiria o direito, a sociedade e, muito menos, a realização do que denominamos justiça.

---

316 Sobre o tema ver Silmara Juny de A. Chinelato Almeida. Tutela civil do nascituro. In: http://www.saraivajur.com.br. Acesso: 08.06.2003.
Maria Cristina Zanaighi. *Os Meios de Defesa Dos Direitos do Nascituro,* cit., p. 105-109.

Capítulo V

SUGESTÕES DE LEGE FERENDA

Conforme apontado no curso do presente trabalho, algumas alterações legislativas deveriam ocorrer com o propósito de oferecer maior proteção ao ser humano *in vitro*.

De início, compreendemos como indispensável à proteção dos interesses e direitos do ser humano *in vitro* e para que possamos extinguir qualquer discussão acerca da sua condição de pessoa humana, que seja adotada pelo legislador pátrio a inclusão no art. 2° do Código Civil – ao lado da pessoa natural e do nascituro – do ser humano embrionário.

É fundamental à preservação dos interesses da pessoa humana *in vitro* a redução do número de embriões concebidos e conservados em nitrogênio líquido – sem perspectiva de nascimento. A nosso ver, a concepção gera conseqüentemente a imperiosa necessidade de implantação, pois, do contrário, estaríamos – por omissão – consentindo com a prática abortiva do descarte. Com o propósito de evitar maior problemática relativa à implantação, apenas dois embriões por casal poderiam ser concebidos e congelados. Desta feita, reduziríamos o número de excedentários e obrigaríamos os pais a exercerem os fundamentos da paternidade responsável.

O aprimoramento das técnicas de reprodução assistida e o acompanhamento pré-natal adequados permitem a colocação em prática de tal proibição, sem causar uma violação aos direitos de procriação, que são assegurados pelo uso de algumas técnicas, principalmente quando realizadas em casais inférteis ou com pouquíssimas chances de procriar sem a devida assistência.

Outra prática que a legislação futura deveria coibir é a doação de embriões, tal terminologia trata-se de uma atecnia, pois na verdade – pela própria condição de ser humano – estaríamos falando de adoção, sendo por exemplo o casal encomendante aqueles que adotaram o embrião excedentário de outrem. Entretanto, mesmo antes da implantação, tal fato necessita de regulamentação urgente, para evitarmos a possibilidade de irmãos biológicos virem a travar – no futuro e por desconhecimento – relações incestuosas. Isso implica dizer que a adoção embrionária deverá mensurar essa hipótese e acontecer respeitando uma determinada circunscrição territorial, além de contar em averbação sigilosa no registro de nascimento da pessoa humana nascida por meio dessa espécie de adoção.

Para comprovação da filiação e conseqüentemente da legitimação sucessória, defendemos a utilização do laudo do diagnóstico genético realizado no embrião, nos casos em que a concepção de deu com base na inseminação artificial homóloga. Na hipótese de inseminação artificial heteróloga o instrumento cabível para gerar a comprovação de filiação é o termo de consentimento, com a utilização de material fertilizante de terceiro ou o termo de adoção embrionária; exemplo disso, é o do casal beneficiário que implantou embrião excedentário, concebido com gametas de um outro casal.

No que diz respeito à doação de gametas, a preservação da cláusula de sigilo é atentatória contra os chamados direitos da personalidade do ser embrionário, em outras palavras, esse apenas poderá existir com relação à mãe biológica, e não com a pessoa concebida com gametas doados, pois assim estaríamos subvertendo a ordem de importância de direitos – autorizando a preponderância daqueles meramente obrigacionais (como a doação de gametas com cláusula de sigilo), em detrimento de direitos da personalidade (como o direito ao nome, a identidade, ao reconhecimento de filiação).

Dessa forma, é preciso o estabelecimento – em legislação própria – do princípio da relativização da eficácia do consentimento sigiloso, não sendo, portanto, o inverso admitido, pois, ao contrário do que prepondera em projetos de lei o doador não pode ser protegido em prejuízo do ser humano que ele ajudou a conceber.

É necessária a devida regulamentação e a preservação dos dados do doador de gametas – resguardando-se tais informações em um banco de dados – para permitir à pessoa concebida, por meio de técnicas de reprodução assistida, o acesso às informações sobre a sua filiação genética.

O mais essencial, seria o reconhecimento com relação à filiação dos princípios da afetividade e do melhor interesse da criança – onde os direitos do ser humano concebido por inseminação heteróloga à paternidade e à maternidade sempre seriam verificados com base nos princípios constitucionais mencionados.

Assim, qualquer norma que tente coibir o direito de filiação tem que ser considerada inconstitucional.

Deve existir a vedação de qualquer prática que inviabilize o nascimento de pessoa concebida por inseminação artificial (técnicas de redução embrionária ou pré-seleção) independentemente dos avanços da biotecnologia. A preocupação do direito é com a preservação da vida humana.

Tem-se como de fundamental importância o compromisso – previsto por lei especial –, de as clínicas de reprodução assistida, informarem ao Ministério Público, assim como ao juiz do inventário quanto aos embriões excedentários que o *de cujus* possua em situação de criopreservação, com a devida fiscalização de órgão competente ligado ao executivo que realizasse a verificação periódica; quanto à manutenção de um banco de dados, com o número de embriões congelados existentes em cada clínica e os respectivos dados de parentesco.

A inclusão expressa, para evitar a resistência dos mais céticos, no *caput* do art. 1.798, da pessoa humana concebida por meio de reprodução assistida, mesmo que se encontre em estado de criopreservação, como titular de capacidade para suceder. Compreendemos que seria meramente elucidativa, pois a redação do presente artigo, a nosso ver, já contempla essa possibilidade.

Com relação ao art. 1.799, I, a previsão de que os filhos futuros do próprio testador poderão ser beneficiados por disposições testamentárias, o que inviabilizaria qualquer interpretação equivocada.

Também se faz necessária, a nomeação de curador embrionário para zelar pelos interesses pessoais e patrimoniais das pessoas humanas *in vitro.* Seja zelando para que a sua implantação se dê na maior brevidade possível – cuidando para que a prática de criopreservação não ocorra – seja pela necessidade de cuidar dos interesses patrimoniais, oriundos de doação ou sucessão hereditária.

O sistema de curatela no tocante à sucessão hereditária deve ser implantado nos moldes do art. 1.800, § 1°, primeira parte. Em outras palavras, o quinhão hereditário do ser humano *in vitro* deve ser – após a partilha – entregue ao seu curador para que esse o administre e cuide dos interesses do curatelado. Evitando-se, dessa maneira, a possibilidade de interesses sucessórios conflitantes.

Deve haver a instituição da reserva legal do patrimônio de descendente concebido por técnicas de reprodução assistida e ainda não nascido, com o intuito de preservar o seu quinhão no acervo hereditário.

Em caso de óbito, deve existir a previsão de que os bens reservados – integrantes do quinhão hereditário que seria recebido pelo ser humano *in vitro*, caso nascesse com vida – deverão ser revertidos em favor dos demais herdeiros do *de cujus.*

Assim, as principais modificações contempladas em forma de sugestões para legislação futura seriam, em síntese,expressas no seguinte projeto de lei:

Projeto de Lei n°

Altera os arts. 2°, 542, 1.597, *caput*, III e V, 1.798 e 1.799, I, da Lei 10.406, de 10 de janeiro de 2002, que institui o Código Civil e dá outras providências.

O Congresso Nacional Decreta:

Art 1° - Esta lei altera o art. 2°, da Lei 10.406 de 2002, permitindo a inclusão do embrião humano como sujeito de direito.

Art.2° - O art. 2° passará a ter a seguinte redação:

....

Art. 2° - A personalidade civil da pessoa começa desde a concepção, sendo resguardado seus direitos, mesmo antes do seu nascimento.

Art. 3° - A presente lei altera o dispositivo do art. 542, que passará a vigorar com a presente redação:

....

Art. 542 – A doação feita a pessoa concebida valerá, desde que aceita pelo seu representante legal.

Art. 4° - A presente lei altera o *caput* e os incisos III e IV do art. 1.597, que passarão a vigorar com a seguinte redação:

....

Art. 1.597 – Presumem-se concebidos na constância do casamento e da união estável os filhos:

I - ....

II - ....

III - havidos por fecundação artificial homóloga, mesmo que falecido o marido ou a mulher;

IV..

V – havidos por inseminação artificial heteróloga, desde que haja concordância de ambos os consortes ou conviventes.

Art. 5° - A presente lei altera o art. 1.798, que passará a ter a seguinte redação:

....

Art. 1.798 – Legitimam-se a suceder as pessoas nascidas, os nascituros ou as já concebidas por fertilização *in vitro.*

Art. 6° - Esta lei tem o fulcro de também alterar o art. 1.799, I, modificando o referido dispositivo, que passará a ter a seguinte redação:

Art. 1.799 - ....

I – os filhos, ainda não concebidos, do próprio testador ou de pessoas indicadas pelo mesmo, desde que estejam vivas no momento da abertura da sucessão;

II - ....

III - ....

Art. 7° - Esta lei entrará em vigor na data de sua publicação.

Justificativa

Os avanços no campo da biotecnologia permitem a prática de direitos, que outrora não seriam admitidas, ou seja, a possibilidade de exercício dos chamados direitos reprodutivos por casais que antes não teriam como exercê-los; assim como a percepção de um novo sujeito de direito – a pessoa concebida embora não nascida.

Contudo, a principal preocupação da presente propositura é com os filhos concebidos por inseminação artificial. Dessa maneira, o projeto em tela tem por fulcro regulamentar a condição de filho inerente à pessoa *in vitro*, equiparando o tratamento entre os filhos nascidos e os concebidos; acolhendo a proteção da pessoa humana embrionária, por meio da observância aos princípios constitucionais do respeito à vida, à dignidade da pessoa humana, à igualdade e ao melhor interesse da criança.

Para tanto, reconheceu a condição de pessoa humana do embrião, assegurando seus direitos de filiação e sucessão – seja *inter vivos* ou *mortis causa.*

Com o intuito de preservar a vida, a igualdade de filiação permitirá que a pessoa humana *in vitro* seja resguardada no direito básico de todo ser humano – o direito de nascer com vida e de pertencer a uma determinada família.

Sala das Sessões em,

CONCLUSÃO

Após análise do tema que desenvolvemos neste trabalho, é necessária uma síntese das conclusões obtidas:

Em que pesem os argumentos de autores renomados, compreendemos que a condição jurídica do embrião *in vitro* é a de pessoa natural. Outrossim, destacamos, com toda ênfase, que o desenvolvimento do ser humano *in vitro* é distinto do observado no nascituro, já que esse se encontra em desenvolvimento no útero materno, assim como difere do da pessoa nascida, pois essa – apesar da contínua evolução – possui o reconhecimento dos seus direitos. No entanto, a divergência quanto ao desenvolvimento não compromete a condição jurídica do ser humano *in vitro*, porque ele possui todas as características genéticas que o acompanharão por toda a eternidade. Importante, ainda, frisarmos que toda pessoa natural, já foi embrião, porque essa é a condição da pessoa humana no momento inicial de desenvolvimento.

Reconhecemos, em conjunto com a condição de pessoa inerente ao embrião humano *in vitro*, a existência de personalidade jurídica, pois defendemos que esse seja considerado sujeito de direitos e obrigações – para tanto precisa estar devidamente representado por seu responsável legal.

Ressaltamos que a concepção da pessoa humana *in vitro* como sujeito de direitos permite a atribuição de direitos de cunhos distintos – desde os personalíssimos – inerentes à condição humana, aos pessoais, tais como os decorrentes da filiação – com o propósito de integrá-la no seio da sua família; até os denominados patrimoniais – oriundos de relação contratual, como no caso da doação, por exemplo; ou os de cunho hereditário – centro do nosso estudo.

Ao visualizarmos o ser humano *in vitro* como herdeiro de outrem, estamos invocando, tão-somente, o dispositivo do art. 1.798, ou seja, resguardando os interesses e direitos sucessórios da pessoa humana já concebida. Se não procedermos dessa maneira, estaremos violando os direitos constituídos, tais como o direito à vida, o direito à dignidade da pessoa humana; em outras palavras, há proteção constitucionalmente assegurada à pessoa humana.

Dessa forma justificamos a proteção à pessoa humana em situação de laboratório, com o fulcro na constitucionalização do direito civil pátrio, ou seja, na descentralização das questões individuais e patrimoniais, ora em destaque no nosso direito anterior à Constituição de 1988, e o enfoque atual das legislações mais recentes nas necessidades do ser humano como parte de uma coletividade. Sendo assim, percebe-se uma nova escala de valores – no sistema legislativo –, em que a pessoa humana é o valor mais elevado. Em consonância com os princípios constitucionais do respeito à vida, à integridade física e psíquica, à imagem, resguardando o direito a alimentos, à dignidade da pessoa humana, invocamos o reconhecimento da pessoa do ser humano em situação de laboratório.

Com o propósito de identificarmos a capacidade necessária do ser humano *in vitro,* realizamos um breve relato sobre as inovações do direito das sucessões no Código Civil de 2002. Apesar, a nosso ver, das incoerências decorrentes, por exemplo, da ausência normativa sobre a regulamentação direta da sucessão dos filhos concebidos, mas ainda não nascidos. Todavia, em contrapartida, identificamos importantes modificações, no que tange à criação da modalidade sucessória da concorrência entre cônjuge sobrevivente ou convivente e os parentes do *de cujus.* Injustificadamente – quanto à ordem de vocação hereditária – o legislador omitiu-se quanto à elaboração de normas para regular a sucessão dos parentes colaterais em 4° grau. Todavia, em face do espírito da legislação civil, presumimos que o preenchimento das mencionadas lacunas se dará pela interpretação dos princípios constitucionais, da igualdade de filiação e da igualdade aplicada aos parentes em último grau da relação de parentesco. Em outras palavras, no primeiro caso a proteção e reserva de quinhão hereditário do filho concebido, no segundo, a divisão do acervo hereditário pelo número de parentes existentes no referido grau.

Fomos mais adiante na análise genérica do direito das sucessões, analisando os seus aspectos mais relevantes, como fundamentos, espécies de sucessão, os efeitos decorrentes da condição do herdeiro ou beneficiário, a liberdade de testar, restrita ao respeito à chamada parte legítima. Para tanto, usamos como parâmetro as noções que seriam aplicadas à legitimação do ser humano *in vitro* como sujeito de direitos sucessórios, sendo esse, inclusive, o argumento para realizarmos a síntese da respectiva matéria.

Nos colocamos, de forma positiva, não apenas ao reconhecimento dos vínculos de filiação entre pais biológicos e pessoa concebida, ou entre os encomendantes e pessoa concebida, mas na conseqüente implantação do ser humano *in vitro* no útero materno – seja no da mãe biológica ou no da substituta. Somos ainda favoráveis à 'adoção' de embriões nos casos em que o casal encomendante não possa ser o fornecedor de gametas que serão usados na concepção de nova vida, havendo embriões congelados e abandonados por seus pais biológicos – o que defendemos como direito absoluto –,derivado do direito à vida, do direito de nascer.

Trouxemos à baila a discussão acerca da verdade biológica *x* paternidade socioafetiva e vislumbramos o princípio do melhor interesse da criança, ou seja, cada caso deve ser verificado pelo juiz . Não havendo como impor a relação biológica acima da afetiva, invocamos como fundamento para o juiz, em face da realização de integração (como técnica de preenchimento da lacuna legislativa ante as relações de parentesco oriundas de reprodução assistida, notadamente nos casos de inseminação artificial heteróloga – com sêmen ou óvulo de terceiro), a percepção de que os interesses e direitos da criança devem ter primazia.

Verificamos as possibilidades de presunção de vínculo de paternidade e maternidade (fruto, inclusive, da igualdade de tratamento entre os cônjuges – defendemos o tratamento isonômico com relação à paternidade e à maternidade) em decorrência do uso de técnicas de reprodução assistida e optamos pelo posicionamento de irrevogabilidade do consentimento, seja nos casos de fecundação ou implantação *post mortem* ou nos de inseminação com material fertilizante de terceiro, salvo hipótese de consentimento exteriorizado com fulcro nos vícios de vontade.

Consideramos a pessoa *in vitro* como herdeira do *de cujus*, seja na sucessão legítima ou testamentária – independentemente da forma com foi concebida, se por inseminação artificial heteróloga ou homóloga.

Realizamos um paralelo entre a condição de sucessor do nascituro e a do ser humano *in vitro* considerando as semelhanças entre ambos e a impossibilidade de distinção entre filhos concebidos, mas não nascidos, seja pela existência ou falta de implantação em útero materno.

Destacamos a posição de herdeiro do ser humano *in vitro* participando da sucessão como se tivesse nascido; todavia, o recebimento da sua quota-parte ficaria sob condição resolutiva, ou seja, condicionado ao seu nascimento com vida.

Com o propósito de possibilitar a proteção do quinhão hereditário da pessoa concebida, mas em situação de laboratório, identificamos como solução a reserva legal do seu quinhão hereditário, cabendo a sua administração a um curador, nomeado pelo juiz do inventário, com o propósito de administrar e zelar pelos bens que integram o acervo hereditário.

Apresentamos como solução, nos casos de morte da pessoa concebida, a devolução do quinhão hereditário reservado ao monte partível e sua posterior divisão entre os demais herdeiros do falecido, não causando prejuízos, portanto, aos direitos sucessórios dos mesmos. Caso isso não ocorresse, teríamos a efetiva situação na qual os herdeiros receberiam seus quinhões hereditários e procederiam com a devida aniquilação, com o propósito de evitar a anulação do formal de partilha e a ocorrência de uma nova redistribuição de bens.

Na concepção do presente estudo a linha mestra adotada foi a da preservação da vida, do direito de nascer, da proteção aos filhos – sem qualquer distinção, da legitimação da prole concebida, da inclusão da paternidade responsável como princípio essencial à resistência ao avanço excessivo da ciência – ao congelamento de seres humanos e o seu posterior descarte – como mecanismo de experiência.

A relevância dos laços de parentesco, o reconhecimento dos direitos sucessórios – acreditamos – será o liame de ligação entre a vida e o destino ao descarte – da pessoa humana – como lixo hospitalar.

Em hipótese alguma a perspectiva do trabalho em questão foi a involução ou o patrulhamento dos avanços da ciência, mas a defesa dos direitos inerentes à condição humana – coibindo a coisificação do embrião –, condição essa que indubitavelmente é a do ser humano *in vitro*.

Assegurar o direito à herança é um libelo de proteção ao ser humano não nascido, um elo de vinculação parental, que excede a mera questão patrimonial.

Reconhecemos a polêmica do tema e das idéias levantadas no presente estudo, mas relembramos que tudo que um dia foi polêmico, noutro é fato consumado, pois é assim que se constitui a construção de uma ciência que está em constante mutação, seja em função das mudanças sociais, da evolução dos costumes, da criação das normas.

O que de fato defendemos é que, independentemente dos avanços da biotecnologia, tenhamos a pessoa humana como valor essencial e a ela sejam garantidas todas as prerrogativas, sem restrições ou direitos exercidos pela metade; somente dessa maneira, garantiremos a efetiva construção de uma sociedade mais justa.

BIBLIOGRAFIA

AGUIAR, Mônica. *Direito à filiação e bioética.* Rio de Janeiro: Forense, 2005.

ALARCÓN, Pietro de Jesús Lora. *Patrimônio genético humano e sua proteção na Constituição Federal de 1988.* São Paulo: Método, 2004.

ALMADA, Ney de Mello. *Sucessões. legítima – testamentária – inventário e partilha.* São Paulo: Malheiros, 2006.

ALMEIDA, Silmara J. de Abreu Chinelato e. O nascituro no código civil e no nosso direito constituído. In: Carlos Alberto Bittar (coord.). *O direito de família e a constituição de 1988.* São Paulo: Saraiva, 1989.

_______. Direitos do nascituro no sistema jurídico brasileiro. In: *Revista O Direito.* Ano 129. Universidade Lisboa, 1997.

_______. *A tutela civil do nascituro.* São Paulo: Saraiva, 2000.

_______. Tutela civil do nascituro. In: http://www.saraivajur.com.br. Acesso: 08.06.2003.

ALVAREZ-DÍAZ, Jorge Alberto. Diagnóstico genético preimplantación (PGD) y selección de sexo. In: *Gaceta médica.* México, 138(2), p. 209-210, mar.-abr., 2002.

ALVES, José Carlos Moreira. *Direito romano.* 4. ed. Rio de Janeiro: Forense, 1978. v. I.

ALVIM, Arruda e ALVIM, Thereza (coords.). *Comentários ao código civil brasileiro:* parte geral. Rio de Janeiro: Forense, 2005.

ALVIM, José Manuel de Arruda. *Tratado de direito processual civil.* 2. ed. São Paulo: Revista dos Tribunais, 1996. v. 2.

AMARAL, Francisco. *Direito civil:* Introdução. Rio de Janeiro: Renovar, 1998.

ANDORNO, Roberto. *El derecho frente a la procreación artificial.* Buenos Aires: Ábaco de Rodolfo Depalma, 1997.

ANDRADE, Manuel A. Domingues de. *teoria geral da relação jurídica:* sujeitos e objecto. Reimpressão. Coimbra: Almedina, 1992. v. 1.

ANTONIUK, Elisete. Clonagem humana: qual pessoa deve ser a medida da vida? Um estudo com base em artigos de periódicos e revistas alemãs. In: *Atualidades jurídicas*, n. 4. Maria Helena Diniz (coord.). São Paulo: Saraiva, 2003.

ASCENSÃO, José de Oliveira. Problemas jurídicos da procriação assistida. *Revista Forense,* Rio de Janeiro, v.1, p. 76-77, out./nov./dez. 1994.

_______. *Direito civil – sucessões.* 5. ed. revista. Lisboa: Coimbra, 2000.

AZEVEDO, Álvaro Villaça. Ética, direito e reprodução humana assistida. In: Maria Helena Diniz e Roberto Senise Lisboa (coords.). *O direito civil no século XXI.* São Paulo: Saraiva, 2003.

AZEVEDO, Eliane Elisa de Souza e. O projeto genoma humano e medicina predetiva: avanços técnicos e dilemas éticos. In: *Iniciação à bioética*. Sérgio Ibiapina Ferreira Costa (org.). Brasília: Conselho Federal de Medicina, 1998.

AZPIRI, Jorge O. *Derecho sucesorio*. 4. ed. Buenos Aires: Hamurabi, 2006.

BARBOZA, Heloisa Helena. Novas relações de filiação e paternidade. In: Rodrigo da Cunha Pereira (coord.). *Repensando o direito de família: anais do I congresso brasileiro de direito de família*. Belo Horizonte: Del Rey, 1999.

_______. Reprodução assistida e o novo Código Civil. In: Maria de Fátima Freire de Sá e Bruno Torquato de Oliveira Naves (coords.). *Bioética, biodireito e o Código Civil de 2002*. Belo Horizonte: Del Rey, 2004.

BARRETO, Wanderlei de Paula. *Comentários ao código civil brasileiro,* parte geral, v. I.

BELTRÃO, Silvio Romero. *Direitos da personalidade:* de acordo com o Novo Código Civil. São Paulo: Atlas, 2005.

BEVILÁQUA, Clóvis. *Projeto do código civil brasileiro*. Trabalhos da Comissão Especial da Câmara dos Deputados. Rio de Janeiro: Imprensa Nacional, 1902. v. I.

_______. *Direito das sucessões*. 4. ed. Rio de Janeiro: Freitas Bastos, 1945.

_______. *Theoria geral do direito civil*. São Paulo: RED, 1991.

BITTAR, Carlos Alberto. *O direito civil na Constituição de 1988*. 2. ed. revista e atualizada. São Paulo: Revista dos Tribunais, 1991.

_______. *Os direitos da personalidade*. 2. ed. Rio de Janeiro: Forense Universitária, 1995.

BITTENCOURT, Edgard de Moura. *Alimentos*. 3. ed. São Paulo: Universitária de Direito, 1976.

BOLOGNESI, Adolfo. *La succressione dei nascituri non concepiti nel Diritto italiando vigente*. Bologna: Zanichelli, 1905.

BONAVIDES, Paulo. *Curso de direito constitucional*. 13. ed. São Paulo: Malheiros, 2003.

BOSCHI, Fabio Bauab. Reprodução humana heteróloga: Consentimento informado e sigilo do doador de esperma ou óvulos *versus* o direito da criança e do adolescente de conhecer sua verdadeira origem biológica. In: *Revista do Curso de Direito do Centro Universitário das Faculdades Metropolitanas Unidas,* ano XVII, n. 25, 2003.

BRAVO, Federico de Castro y. Compendio de derecho civil: introducción y derecho de la persona. 5. ed. Madrid: Marisal, 1970. In: ZANAIGHI, Maria Cristina. *Os meios de defesa dos direitos do nascituro*. São Paulo: LTr, 2007.

BUSSI, Emilio. La rappresentanza negli atti "inter vivos" dei nascituri non concepiti e delle persone assenti secondo il Diritto Comune. *Rivista di Diritto Civile*. Padova: CEDAM. v. 33, t. 2, p. 3-26, 1933.

CAHALI, Francisco José. *Família e sucessões no Código Civil de 2002:* Acórdãos, sentenças, pareceres e normas administrativas. São Paulo: Revista dos Tribunais, 2004.

CAHALI, Francisco José; HIRONAKA, Giselda Maria Fernandes Novaes. *Curso avançado de direito civil.* 2000. v. 6.

CAHALI, Yussef Said. *Dos alimentos.* 3. ed. revista, ampliada e atualizada, São Paulo: Revista dos Tribunais, 1999.

CAMPOS, Diogo Leite de. *Lições de direito da família e das sucessões.* 2. ed. revista e atualizada. Coimbra: Almedina, 2005.

CANOTILHO, José Joaquim Gomes. *Direito constitucional e teoria da constituição.* 3. ed. Coimbra: Almedina, 1998.

_______. Civilização do direito constitucional ou constitucionalização do direito civil? A eficácia dos direitos fundamentais na ordem jurídico-civil no contexto do direito pós-moderno. In: Eros Roberto Grau e Willis Santiago Guerra Filho (org.). *Direito constitucional: estudos em homenagem a Paulo Bonavides.* São Paulo: Malheiros. 2003.

CANOVAS, Diego Espín. *Manual de derecho civil español.* v. 1.

CARBONERA, Silvana Maria. O papel jurídico do afeto nas relações de família. In: Luiz Edson Fachin (coord.). *Repensando fundamentos do direito civil contemporâneo.* Rio de Janeiro: Renovar, 1998.

_______. A ideologia do afeto. Porto Alegre: *Revista Brasileira de Direito de Família,* n.14, p. 5-10, jul.-set. 2002.

CARCABA, Maria Fernández. *Los problemas jurídicos planteados por las nuevas técnicas de procreación humana.* Barcelona: Bosch, 1995.

CARRIL, Julio J. López del. *Derecho de las sucesiones.* Buenos Aires: Depalma, 1991.

CHORÃO, Mário Emílio Bigotte. *Concepção realista da personalidade jurídica e estatuto do nascituro.* Coimbra: Almedina, 1986.

COELHO, Francisco Manuel Pereira. *Filiação.* Coimbra: Universidade de Coimbra, 1978.

CUPIS, Adriano de. *Os direitos da personalidade.* Tradução de Adriano Vera Jardim e Antonio Miguel Caeiro, Lisboa: Morais, 1961.

DANIELS, Norman. Intervenciones genéticas positivas y negativas: ¿hay un límite moral? In: Eduardo Rivera e Florência Luna (orgs.). *Los desafíos éticos de la genética humana.* México: Fondo de cultura económica, 2004.

DESTEFENNI, Marcos. *Curso de processo civil: processo cautelar.* São Paulo: Saraiva, 2006, v. 3.

DIAFÉRIA, Adriana. Princípios estruturadores do direito à proteção do patrimônio genético humano e as informações genéticas contidas no genoma humano como bens de interesses difusos. In: Fernanda Carneiro e Maria Celeste Emerick (coords.). *Limite: a ética e o debate jurídico sobre o acesso e uso do genoma humano.* Rio de Janeiro: Fiocruz, 2000.

DIAS, Maria Berenice. *Conversando sobre família, sucessões e o novo Código Civil.* Porto Alegre: Livraria do Advogado, 2005.

DÍEZ-PICAZO, Luis y GULLÓN, Antonio. *Sistema de derecho civil.* 9. ed. Madrid: Tecnos, 2005. v. IV.

DINIZ, Maria Helena. *Conflito de normas.* 2. ed. São Paulo: Saraiva, 1996.

_______. *As lacunas no direito.* 4. ed. São Paulo: Saraiva, 1997.

_______. *Lei de introdução ao Código Civil brasileiro interpretada.* 3. ed. atual. e aum. São Paulo: Saraiva, 1997.

_______. *Norma Constitucional e seus efeitos.* 3. ed. atualizada. São Paulo: Saraiva, 1997.

_______. *O estado atual do biodireito.* 2. ed. aumentada e atualizada de acordo com o novo Código Civil (Lei n. 10.406, de 10-01-2002). São Paulo: Saraiva, 2002.

_______. *Código Civil anotado.* 11. ed. aumentada e atualizada de acordo com o novo Código Civil (Lei n. 10.406, de 10-01-2002). São Paulo: Saraiva, 2005.

_______. *Curso de direito civil brasileiro*: direito das sucessões. 21. ed. revista e atualizada de acordo com a Reforma do CPC. São Paulo: Saraiva, 2007. v. 6.

_______. *Curso de direito civil brasileiro:* teoria geral do direito civil. 24. ed. revista e atualizada de acordo com a Reforma do CPC. São Paulo: Saraiva, 2007. v. 1.

DZIK, Artur; MORAES, Edecio Armbruster; PINOTTI, José Aristodemo; ZUGAIB, Marcelo. Diagnóstico genético pré-implantacional/Polymerase chain reaction (PCR), fluorescence in situ hybridization (FISH) and primed in situ (PRINS). In: *Rev. ginecologia e obstetricia.* Brasil, 10 (4), p. 227-229, out.-dez., 1999.

ENGELHARDT JR., H. Tristram. *Fundamentos da bioética.* Tradução de José A. Ceschin. São Paulo: Loyola, 1998.

ESPÍNOLA, Eduardo. *Sistema de direito civil brasileiro.* Rio de Janeiro: Francisco Alves. v. I.

_______. *Sistema do direito civil brasileiro.* 4. ed. Rio de Janeiro: Conquista, 1961. v. 2.

FACHIN, Luiz Edson. A tríplice paternidade dos filhos imaginários. In: Teresa Arruda Alvim (coord.). *Repertório de jurisprudência e doutrina sobre direito de família,* São Paulo: Revista dos Tribunais,1995. v. 2.

_______. *Estabelecimento da filiação e presunção de paternidade.* Porto Alegre: Sérgio Fabris, 1992.

_______. *Fundamentos limites e transmissibilidade* – anotações para uma leitura construtiva e de índole constitucional da disciplina de direitos da personalidade no código civil brasileiro. Rio de Janeiro: Revista EMERJ, 2005.

FACHIN, Rosana. *Em busca da família do novo milênio.* Rio de Janeiro: Renovar, 2001.

FERNANDES, Silvia da Cunha. *As técnicas de reprodução humana assistida e a necessidade de sua regulamentação jurídica.* Rio de Janeiro: Renovar, 2005.

FERRANDO, Gilda. *La Procreazione Artificiale tra Ética e Diritto.* Padova: CEDAM, 1989.

FERREIRA, Fábio Alves. Vivendo sem respirar, morrendo sem chance de nascer. In: http://jus2.uol.com/doutrina/texto.asp?id=3544. Acesso: 02/08/2007.

FILGUERAS, Jaqueline. *A filiação que se constrói: o reconhecimento do afeto como valor jurídico.* São Paulo: Memória Jurídica, 2001.

FINCK, C.; MEISTER, U.; STÖBEL-RICHTER, Y.; BORKENHAGEN, A; BRÄHLER, E. Ambivalent attitudes towards pre-implantation genetic diagnostic in Germany. In: *Eur J Obstet Gynecol Reprod Biol;* 126(2): 217-225, 2006 Jun 1.

FONSECA, Tito Prates da. *Sucessão testamentária.* São Paulo: Saraiva, 1928.

FORD, Norman. *Quando comincio io? Il concepimento nella storia, nella filosofia e nella scienza.*Tradução de Rodolfo Rini. Milano: Baldini & Castoldi, 1997.

FRANÇA, Rubens Limongi. *Instituições de direito civil.* 4. ed. atualizada. São Paulo: Saraiva, 1996.

_______. Esboço preliminar a um projeto de lei sobre a tutela do embrião humano com vistas a uma lei uniforme para a comunidade européia e para a comunidade latino-americana, a partir do Mercosul. In: *Revista de Direito Civil,* n. 58, p. 296-302.

FREDIANI, Yone. Patrimônio genético. *Revista de Direito Privado,* São Paulo, n. 2, v. 1, p. 138-139, abr./jun. 2000.

FREITAS, Teixeira de. *Esboço de código civil.* Rio de Janeiro: Ed. Tipografia Nacional, 1860.

GABURRI, Fernando. A questão do afastamento sucessório do cônjuge extrajudicialmente separado à luz do novo Código Civil. In: Antônio Carlos Mathias Coltro e Mário Delgado (coords.). *Separação, divórcio, partilha e inventários extrajudiciais.* São Paulo: Método, 2007.

GAGLIANO, Pablo Stolze e PAMPLONA FILHO, Rodolfo. *Novo curso de direito civil:* parte geral. São Paulo: Saraiva, 2002. v. 1.

GAMA, Guilherme Calmon Nogueira da. Direito penal e bioética: o aborto e os embriões congelados e descartados. In: *Revista de julgados do Tribunal de Alçada Criminal do Estado de São Paulo,* n. 57, p. 13-24, maio/jun. 2002.

_______. *A nova filiação:* o biodireito e as relações parentais: o estabelecimento da parentalidade-filiação e os efeitos jurídicos da reprodução assistida heteróloga. Rio de Janeiro: Renovar, 2003.

_______. *Direito civil:* sucessões. 2. ed. São Paulo: Atlas, 2007.

GARCIA, Cristiano Pereira Moraes. *O direito à herança no novo código civil.* Campinas: CS Edições Ltda., 2005.

GARCIA, Maria. *Limites da ciência:* a dignidade da pessoa humana: a ética da responsabilidade. São Paulo: Revista dos Tribunais, 2004.

GOMES, Orlando. A agonia do Código Civil – conferência pronunciada no Encontro Nacional de Mestres de Direito Civil, realizado em homenagem ao professor Orlando Gomes: *Sans Adieu* – 50 anos de cátedra. Salvador: Ciências Jurídicas, (s.d).

________. *Sucessões.* 14. ed., Rio de Janeiro: Forense, 2007.

GONÇALVES, Carlos Roberto. *Direito civil brasileiro:* parte geral. São Paulo: Saraiva, 2003. v. I.

________. *Direito civil brasileiro:* direito de família. São Paulo: Saraiva, 2005. v. VI.

________. *Direito civil brasileiro:* direito das sucessões. São Paulo: Saraiva, 2007. v. VII.

GRECO FILHO, Vicente. *Direito processual civil brasileiro.* 18. ed., ver. e atual. São Paulo: Saraiva, 2006. v. 3.

GULLÓN, Luis Díez-Picazo y Antonio. *Sistema de derecho civil.* Madrid: Tecnos, 2004. v. IV.

GUSMÃO, Sady Cabral Nascimento. In:*Repertório enciclopédico do direito brasileiro.* Direção J. M. Carvalho Santos. Rio de Janeiro: Borsoi. v. 34.

HARRIS, John. Clones, genes y derechos humanos. In: *Los desafíos éticos de la genética humana.* Eduardo Rivera e Florência Luna (orgs.). México: Fondo de cultura económica, 2004.

HATTENHAUER, Hans. *Conceptos fundamentales del derecho civil.* Barcelona: Ariel, 1987.

HIRONAKA, Giselda Maria Fernandes Novaes. *Comentários ao Código Civil:* parte especial: do direito das sucessões parte especial: do direito das sucessões (arts. 1.784 a 1.856). São Paulo: Saraiva, 2003. v. 20.

IAÀÑEZ, Enrique. *Genética, política y sociedad: ¿Vuelve la eugenesia?* Instituto de Biotecnologia – Facultad de Ciencias – Universidad de Granada. Disponível em: http://www.ugr.es/~eianez/biotecnologia/cemed/etica.html . Acesso em: 26.08.07.

JABUR, Gilberto Haddad. Direito à vida como direito ao nascimento. In: *Direito fundamental à vida.* n. 5. São Paulo: Quartier Latin/Centro de Extensão Universitária, 2005.

________. *Liberdade de pensamento e direito à vida privada:* conflitos entre direitos de personalidade. São Paulo: Revista dos Tribunais, 2000.

JOTA, Rossini Lopes. Fertilização assistida: considerações a respeito da inseminação artificial com sêmen do marido ou companheiro, na viúva ou companheira, após a morte do depositante. Conseqüências jurídicas. In: *Revista de direito privado,* n. 7, p. 128-137, jul.-set. de 2001.

LACADENA, Juan Ramon. *Status del embrión previo a su implantación, la vida humana, origen y desarrollo.* Madrid: Universidad Pontifícia Comillas, 1989.

LARENZ, Karl. *Derecho civil parte general.* Tradução de Miguel Izquierdo y Macías-Picavea. Madrid: Editorial de Derecho privado, 1978.

LEITE, Eduardo Oliveira. O direito do embrião humano: mito ou realidade? In: *Revista de Direito Civil,* n. 78, p. 22-40.

_______. Dos direitos da esposa sobre o esperma do marido. In: *Procriações artificiais e o direito.* São Paulo: Revista dos Tribunais, 1995.

_______. *Procriações artificiais e o direito:* Aspectos médicos, religiosos, psicológicos, éticos e jurídicos. São Paulo: Revista dos Tribunais, 1995.

_______. *Famílias monoparentais.* São Paulo: Revista dos Tribunais, 1997.

_______. *Comentários ao novo Código Civil: direito das sucessões (arts. 1.784 a 2.027).* Rio de Janeiro: Forense, 2003. v. XXI.

LISBOA, Roberto Senise. *Manual de direito civil:* teoria geral do direito civil. 3. ed. revista, atualizada e ampliada. São Paulo: Revista dos Tribunais, 2004. v. 1.

LOBO, Paulo Luiz Netto. Entidades familiares constitucionalizadas: para além do "numerus clausus". In: Rodrigo da Cunha Pereira (coord.). *Família e cidadania: o novo Código Civil brasileiro e "vacatio legis".* Belo Horizonte: Del Rey, 2002.

LORENZETTI, Ricardo Luís. *Fundamentos do direito privado.* Tradução de Vera Maria Jacob de Fradera. São Paulo: Revista dos Tribunais, 1998.

LOTUFO, Maria Alice Zaratin Soares. *Adoção – perfil histórico e evolução teleológica no direito positivo.* Dissertação de mestrado apresentada e aprovada pelo Programa de Pós-Graduação em Direito da Pontifícia Universidade Católica de São Paulo.

MAIA, Paulo Carneiro Nascituro. In: R. Limongi França (coord.). *Enciclopédia Saraiva do Direito.* São Paulo: Saraiva, 1980. v. 54.

MANTOVANI, Fernando. *Le possibilita, i rischi e i limiti delle manipolazioni genetiche e delle tecniche bio-mediche moderne.* Salvador: Anais do Fórum internacional de direito penal comparado, 1989.

MATHIEU, Bertrand. La vie en droit constitutionnel compare: éléments de réflexion sr um droit incertain. *Revue internationale de droit comparé,* Paris, Société de Législation Comparée, n. 4(1), oct./déc. 1998.

MATTOS, Luiza Thereza Baptista de. A proteção do nascituro. In: *Revista de Direito Civil.* n. 52.

MAXIMILIANO, Carlos. *Direito das sucessões.* 2. ed. Rio de Janeiro: Freitas Bastos, 1942, v. 1, n. 513.

MEIRELLES, Jussara Maria Leal de. Os embriões humanos mantidos em laboratório e a proteção da pessoa: o novo código civil brasileiro e o texto constitucional. In: Heloísa Helena Barboza e Vicente de Paula Barreto (orgs.). *Novos temas de biodireito e bioética.* Rio de Janeiro: Renovar, 2003.

_______. Estatuto jurídico do embrião. In: Maria de Fátima Freire de Sá e Bruno Torquato de Oliveira Naves (coords.). *Bioética, biodireito e o Código Civil de 2002.* Belo Horizonte: Del Rey, 2004.

PONTES DE MIRANDA, F. C. *Tratado de direito privado:* parte geral. Rio de Janeiro: Borsoi, 1954.

_______. *Tratado de direito privado: parte especial: direito de família. Direito parental.Direito protectivo.* Rio de Janeiro: Borsoi, 1955. t. 9.

_______. *Tratado de direito privado.* 3. ed. Rio de Janeiro: Borsoi, 1970. § 48, t.1, p. 155.

_______. *Comentários ao código de processo civil.* Rio de Janeiro: Forense, 1974. t. I.

MONTEIRO, Washington de Barros. *Curso de direito civil:* parte geral. 39. ed. atualizada por Ana Cristina de Barros Monteiro França Pinto. São Paulo: Saraiva, 2003. v. 1.

_______. *Curso de direito civil:* direito das sucessões. 35. ed. ver. e atualizada por Ana Cristina de Barros Monteiro França Pinto. São Paulo: Saraiva, 2003. v. 6.

MONTORO, André Franco e OLIVEIRA, Anacleto de. *Condição jurídica do nascituro no direito brasileiro.* São Paulo: Saraiva, 1953.

MOORE, K. L.; PERSAUD, T. V. N. *Embriologia clínica.* 7. ed. Rio de Janeiro: Elsevier, 2004.

MORAES, Alexandre de. *Direito constitucional.* 6. ed. São Paulo: Atlas, 1998.

MORAES, Maria Celina Bodin de. A caminho de um direito civil constitucional. In: *Revista de direito civil*, n. 65, p. 22-31, jul./set., 1993.

MORAES, Walter. Teoria Geral da Sucessão Legítima. In: *Programa de direito das sucessões.* São Paulo: Revista dos Tribunais, 1980.

NEME, Eliana Franco. O estatuto epistemológico do embrião humano. In: *15 anos da Constituição Federal:* em busca da efetividade. Bauru: Faculdade de Direito de Bauru, 2003.

NERY JUNIOR, Nelson; NERY, Rosa Maria de Andrade. *Código civil comentado e legislação extravagante.* 3. ed. ver., atual. e ampliada da 2. ed. do Código Civil anotado. São Paulo: Revista dos Tribunais, 2005.

NERY, Rosa Maria Barreto Boriello de Andrade. *Noções preliminares de direito civil.* São Paulo: Revista dos Tribunais, 2002.

NEVARES, Ana Luiza Maia. *A tutela sucessória do cônjuge e do companheiro na legalidade constitucional.* Rio de Janeiro: Renovar, 2004.

NONATO, Orozimbo. *Estudos sobre sucessão testamentária.* Rio de Janeiro: Forense, 1957. v. I.

OLIVEIRA, Arthur Vasco Itabaiana de. *Tratado de direito das sucessões.* 5. ed. Rio de Janeiro: Freitas Bastos, 1987.

_______. *Tratado de direito das sucessões.* São Paulo: Max Limonad, 1952. v. 1.

OLIVEIRA, Deborah Ciocci Alvarez de; BORGES JR., Edson. *Reprodução assistida: até onde podemos chegar?:* compreendendo a ética e a lei. São Paulo: Gaia, 2000.

OLIVEIRA, Euclides de. Concorrência sucessória e a nova ordem de vocação hereditária. In: *Revista Brasileira de Direito de Família,* ano VII, n. 29, p. 33, abr./maio, 2005.

OLIVEIRA, Guilherme de. *Mãe há só (uma) duas: o contrato de gestação.* Coimbra: Coimbra Ed., 1992.

_______. *Temas de direito da medicina.* Coimbra: Coimbra, 1999.

PASTOR, Luis Miguel. *Bioética de la manipulación embrionaria humana.* Madrid: Cuadernos de bioética, v. VIII. n.31, jul./sep. 1997.

PEREIRA, Caio Mário da Silva. *Instituições de direito civil:* direito das sucessões. 15. ed., Rio de Janeiro: Forense, 2004. v. VI.

_______.*Instituições de direito civil:* introdução ao direito civil; teoria geral de direito civil. 20. ed. Rio de Janeiro: Forense, 2005. v. 1.

_______. *Instituições de direito civil:* contratos. 12. ed., Rio de Janeiro: Forense, 2006. v. III.

_______. *Instituições de direito civil:* direito de família, 16. ed., Rio de Janeiro: Forense, 2006. v. V.

PEREIRA, Tânia da Silva. Dos alimentos: direito do nascituro e os alimentos no estatuto da criança e do adolescente. In: Francisco Cahali e Rodrigo da Cunha Pereira (coords.). *Alimentos no código civil.* São Paulo: Saraiva, 2005.

PERLINGIERI, Pietro. *Perfis do direito civil.* Tradução de Maria Cristina de Cicco. 1. ed. Rio de Janeiro: Renovar, 1999.

PETRACCO, Álvaro; BADALOTTI, Mariângella e ARENT, Adriana Cristine. Bioética e reprodução assistida. In: Eduardo Oliveira Leite (coord.). *Grandes temas da atualidade – bioética e biodireito.* Rio de Janeiro: Forense, 2003.

PIMENTA, José da Costa. *Filiação.* 4. ed. Lisboa: Petrony, 2001.

PIOVESAN, Flávia. *Direitos humanos e o direito constitucional internacional.* São Paulo: Max Limonad, 2002.

PUECHE, José Enrique Bustos. *El derecho civil ante el reto de la nueva genética.* Madrid: Dykinson, 1996. (Tradução livre da autora.)

PUSSI, William Artur. *A Personalidade jurídica do nascituro.* 1. ed., 3. tir. Curitiba: Juruá, 2007.

RAMOS, Carmem Lucia Silveira. *Família sem casamento:* de relação existencial de fato a realidade jurídica. Rio de Janeiro: Renovar, 2000.

RAMOS, José Bernardo. *Investigação de paternidade. Posse de estado de filho:* paternidade socioafetiva. Porto Alegre: Livraria do Advogado, 1999.

RÁO, Vicente. *Ato jurídico: Noção, pressupostos, elementos essenciais e acidentais: O problema do conflito entre os elementos volitivos e a declaração.* 4. ed. São Paulo: Revista dos Tribunais, 1997.

_______. *O direito e a vida dos direitos.* 5. ed. São Paulo: Revista dos Tribunais, 1999.

REALE, Miguel. *Filosofia do direito.* 10. ed. São Paulo: Saraiva, 1983.

_______. *Lições preliminares de direito.* 23. ed. São Paulo: Saraiva, 1996.

_______. *Estudos preliminares do código civil.* São Paulo: Revista dos Tribunais, 2003.

RODRIGUES, Silvio. *Direito civil:* parte geral. 32. ed. São Paulo: Saraiva, 2002, v. 1.

_______. *Direito civil:* direito das sucessões. 25. ed. São Paulo: Saraiva, 2002. v. 7.

ROUDINESCO, Elisabeth; DERRIDA, Jaqcques. *De que amanhã:* diálogo. Tradução de André Telles. Rio de Janeiro: Jorge Zahar, 2004.

RUZYK, Carlos Eduardo Pianovski. *Famílias simultâneas:* da unidade codificada à pluralidade constitucional. Rio de Janeiro: Renovar, 2005.

SANTOS, Maria Celeste Cordeiro Leite. *O equilíbrio de um pêndulo. Bióetica e a lei: implicações médico-legais.* São Paulo: Ícone, 1998.

_______. *Imaculada concepção. Nascendo* in vitro *e morrendo* in machina. São Paulo: Acadêmica, 1993.

SARLET, Ingo Wolfgang. Dignidade da pessoa humana e direitos fundamentais. In: *Dos princípios constitucionais: considerações em torno das normas principiológicas da Constituição.* São Paulo: Malheiros, 2003.

_______. *Dignidade da pessoa humana e direitos fundamentais na Constituição Federal de 1988.* 2. ed. Porto Alegre: Livraria do Advogado, 2002.

SGRECCIA, Elio e PIETRO, Maria Luisa di. *Bioetica ed educazione.* Milano: La Scuela, 1997.

SILVA, De Plácido e. *Dicionário jurídico.* Edição revista e atualizada por Nagib Slaib Filho. 15. ed. Rio de Janeiro: Forense, 1999.

SILVA, José Afonso da. *Direito constitucional positivo.* São Paulo: Malheiros, 2002.

SILVA, Paula Martinho da. Perspectivas jurídicas portuguesas e européias sobre reprodução assistida. In: http://www.crmma.org.br/revista/bio11v2/simposio12.htm. Acesso: 02/08/2007.

SILVA, Reinaldo Pereira e. Os direitos humanos do embrião: análise bioética das técnicas de procriação assistida. In: *Revista dos Tribunais,* v. 768, ano 88, p. 77-91, out./99.

_______. *Introdução ao biodireito: investigações político-jurídicas sobre o estatuto da concepção humana.* São Paulo: LTr, 2002.

_______. Biodireito: o novo direito à vida. In: *Os novos direitos no Brasil: natureza e perspectivas, uma visão das conflituosidades jurídicas.* São Paulo: Saraiva. 2003.

SOARES, Sônia Barroso Brandão. Famílias Monoparentais: Aspectos polêmicos. In: *Problemas de direito civil-constitucional.* Gustavo Tepedino (coord.). Rio de Janeiro: Renovar, 2001.

SOUZA, Rabindranath V. A. Capelo. *Direito geral de personalidade.* Coimbra: Coimbra, 1995.

SZANIAWSKI, Elimar. O embrião excedente: o primado do direito à vida e de nascer – Análise do Projeto de Lei do Senado n. 90/99. In: *Revista Trimestral de Direito Civil,* v. 8, p. 83-107, out./dez./2001.

_______. *Direitos de personalidade e sua tutela.* 2. ed. revista, atualizada e ampliada. São Paulo: Revista dos Tribunais, 2005.

TAVARES. André Ramos Elementos para uma teoria geral dos princípios na perspectiva constitucional. In: George Salomão Leite (org.). *Dos princípios constitucionais considerações em torno das normas principiológicas da Constituição.* São Paulo: Malheiros, 2003.

TELLES, Inocêncio Galvão. *Direito das sucessões.* 6. ed. Coimbra: Coimbra, 1991.

TEPEDINO, Gustavo. *Temas de direito civil.* Rio de Janeiro: Renovar, 1999.

THEODORO JÚNIOR, Humberto. *Curso de direito processual civil.* 20. ed. Rio de Janeiro: Forense, 1997, v. 2.

VARELA, João de Matos. *Das obrigações em geral.* 9. ed. Coimbra: Almedina, 1997. v. II. 2ª Reimpressão da 7ª ed. Coimbra: Almedina.

VASCONCELOS, Cristiane Beuren. *A proteção jurídica do ser humano* in vitro *na era da biotecnologia.* São Paulo: Atlas, 2006.

VELOSO, Zeno. *Direito brasileiro de filiação e paternidade.* Belo Horizonte: Del Rey, 1997.

_______. *Comentários ao código civil.* Antônio Junqueira de Azevedo (coord.). São Paulo: Saraiva, 2003. v. 21.

VENOSA, Silvio de Salvo. *Direito civil:* parte geral. 6. ed. atualizada de acordo com o Código civil de 2002. São Paulo: Atlas, 2006. v. 1.

VILLELA, João Baptista. Desbiologização da paternidade. In: *Revista Forense,* v. 271, 1980.

_______. Procriação, paternidade & alimentos. In: Francisco José Cahali e Rodrigo da Cunha Pereira (coord.). *Alimentos no código civil.* São Paulo: Saraiva, 2005.

WALD, Arnoldo. *Curso de direito civil brasileiro:* Introdução e parte geral. 8. ed. São Paulo: Revista dos Tribunais, 1995.

ZAINAGHI, Maria Cristina. *Os meios de defesa dos direitos do nascituro.* São Paulo: LTr, 2007.

ZANNONI, Eduardo A. *Inseminación artificial y fecundación extrauterina.* Buenos Aires: Astrea de Alfredo y Ricardo Depalma, 1978.

_______. *Derecho civil:* Derecho de las sucesiones. 4. ed. atual. e ampl., 1. reimpr. Buenos Aires: Astrea y Ricardo Depalma, 2001. t. 2.

ZATI, Paolo. Quale stattuto per l'embrione? *Riv. Crit. Dirit. Privat.* Septiembre, p. 437, 1990.

00782

GRÁFICA PAYM
Tel. (011) 4392-3344
paym@terra.com.br